Tage voller Leben

Maria Hagenschneider

Tage voller Leben

Unsere gemeinsame Zeit im Hospiz

Patmos Verlag

VERLAGSGRUPPE PATMOS

PATMOS
ESCHBACH
GRÜNEWALD
THORBECKE
SCHWABEN

Die Verlagsgruppe
mit Sinn für das Leben

Für die Schwabenverlag AG ist Nachhaltigkeit ein wichtiger Maßstab ihres Handelns. Wir achten daher auf den Einsatz umweltschonender Ressourcen und Materialien.

Alle Rechte vorbehalten
© 2017 Patmos Verlag der Schwabenverlag AG, Ostfildern
www.patmos.de

Umschlaggestaltung: Finken & Bumiller, Stuttgart
Umschlagabbildung: 127949414 © Dragon / shutterstock.com
Gestaltung, Satz und Repro: Schwabenverlag AG, Ostfildern
Druck: CPI books GmbH, Leck
Hergestellt in Deutschland
ISBN 978-3-8436-0898-5 (Print)

Eine Handvoll Scherben

Vielleicht bleibt am Ende auch
von den Bemühungen der Liebenden
nichts übrig
als eine Handvoll Scherben.

Ein paar Scherben,
in denen sich ein paar Lichter spiegeln.
Aber dies, eine Scherbe sein,
in der sich ein wenig
vom Glanz Gottes spiegelt,
das ist am Ende die einzige Ganzheit,
die uns erreichbar ist.
Und das soll genug sein.

Nun aber bleiben Glaube,
Hoffnung, Liebe.
Glaube wird sich wandeln in Schauen.
Hoffnung in dankbaren Lobgesang.
Allein die Liebe bleibt, was sie war.

Darum, was bleibt
in Zeit und Ewigkeit,
stiftet der liebende Gott,
stiften die Liebenden mit ihm.

Jörg Zink[1]

Inhalt

Vorwort	9
Gedicht: Das bin ich – da bin ich	12
Der weiße Stein	14
Schwerer Umzug	14
Gedicht: manchmal	15
Ankommen	22
Ahnungen	27
Gedicht: Wunderglaube	28
Schöntrauriger Sommer	30
Aufstieg und Niedergang	35
Diese Musik	38
Morgen schon?	44
Ostertage	46
Vater	53
Todgeweiht	59
Gehirnakrobat	65
Mutter	68
Trauer	70
Gedicht: Trosthaut	71
Gedicht: Komm heim	76
Briefe	78
Söckchen	80
Weizenbier	82
Unsere Kinder	83
Große Reise im Gästezimmer	85
Komm, tanz mit mir	86
Ich suche dich	88
Rote Hose	89

Gedicht: Auf der Suche nach dir	90
Gedicht: Weiße Rosen auf schwarzem Grund	97
Am Ende meiner Kraft	98
Abide with me	104
Ein evangelisches und ein katholisches Kind	109
Wintergärten – Himmelsblick	110
Exuvie	115
The last *Mon Chéri* – Hochzeitstag	116
Tag der Segnungen	118
Gedicht: Haltung	122
Geburtstag – Hochzeitstag – Sterbetag	127
Gestorben	130
Abschiedsfeier	138
Gedicht: Leben und Tod	140
Was vorbei ist, ist nicht vorbei – Bestattung	149
Gedicht: Du und ich	150
Grabbeigaben	161
Zum Ende eines langen Briefes	166
Nachwort: Selbstbestimmtes Sterben	170
Anmerkungen	174
Literatur	178
Die Hospizbewegung	180

Vorwort

Im November 2012 starb mein Mann, Klaus Hagenschneider, in einem Hospiz in Hamm. Die Zeit bis zu seinem Tod habe ich dort gemeinsam mit ihm gelebt. Unser Aufenthalt dauerte unerwartet lange, genau 75 Tage. In diesen 75 Tagen habe ich versucht, ihn – so gut ich es vermochte – im Prozess seines Sterbens zu begleiten. Ich erlebte, wie uns in dieser Phase noch einmal ungeahnte Hoch-Zeiten geschenkt wurden. Aber auch Abgründe taten sich auf. Zuweilen war der Boden unter meinen Füßen brüchig.

Letztlich haben unsere Liebe und unser Glaube es vermocht, Brücken zu bauen, zu über-brücken. Wichtig waren dabei unsere Familien und Freunde ebenso wie die professionelle Unterstützung durch die Mitarbeiterinnen und Mitarbeiter des Hospizes.

Auf dem Weg als Hinterbleibende wurden dann – neben anderen kreativen Aktivitäten – Papier und Stift meine Begleiter. Die Erinnerungen an Klaus wollte ich festschreiben und damit bewahren, zunächst nur für mich selbst. Aber auch dem Blick in meine eigenen Abgründe wollte ich mich stellen. Das Schreiben half mir beim Weiterleben.

Freunde, denen ich einzelne Kapitel zu lesen gab, ermutigten mich, meine Aufzeichnungen als Buch zu veröffentlichen. Einige Menschen, die ähnliche Situationen durchlebten und denen ich von meinen Gefühlen – diesem Spagat zwischen Stärke und Kraftlosigkeit – erzählte, bestärkten mich in meinem Vorhaben: »Wie gut«, bekam ich zu hören, »dass meine Gedanken und Gefühle nicht anormal sind. Wie gut, wenn du sie formulierst und ich mich in deinen Worten wiederfinden kann. Es hilft mir, mich zu verstehen und zu mir selbst zu stehen. Es hilft mir, gnädig mit mir selbst zu sein.«

Allerdings gab es auch Stimmen, die mich zur Vorsicht mahnten. Jeder von uns, lebendig oder tot, hat ein Recht darauf, nicht aller Geheimnisse beraubt zu werden. Einen großen Teil unseres Lebens lieben, leiden, hoffen und gestalten wir im Verborgenen. Viele Lebenszeiten gehören nur uns und denen, mit denen wir gelebt haben. Und das soll auch so bleiben. Daher liegt es mir fern, unser Verhalten sowie unsere Gedanken und Gefühle distanzlos in die Öffentlichkeit zu bringen. Jedoch lässt sich wohl kaum von eigener Betroffenheit erzählen, ohne dabei offen und ehrlich zu sein. So habe ich behutsam und im inneren Dialog mit meinem Mann Klaus verschiedene Episoden unserer gemeinsamen Geschichte zu diesem Buch zusammengestellt.

Mein Anliegen ist es, Angehörige von Sterbenden zu ermutigen, Sterbehilfe im wahrsten Wortsinn zu leisten: dem Sterbenden durch eine einfühlsame Begleitung zu helfen und dabei zugleich die eigenen Bedürfnisse und Grenzen achtsam wahrzunehmen.

Ebenso möchte ich durch unser Beispiel Einblicke in das Leben in einem stationären Hospiz geben. Für Menschen, die vor der Entscheidung stehen, den Schritt zum Sterben im Hospiz zu tun, mag das Buch Entscheidungshilfen bieten – und zwar gleichermaßen für Sterbende wie für ihre Begleiter.

Meinen Mann lasse ich mit einigen ausgewählten Passagen aus seinen umfangreichen Aufzeichnungen persönlich zu Wort kommen, mit der Intention, ihm »seine Kanzel« zur Verfügung zu stellen. Mein Mann war katholischer Priester, bevor wir uns kennen und lieben lernten. Seine Ansprachen und Predigten hatten immer eine große Aussagekraft. Nachdem wir geheiratet hatten, musste er sich gezwungenermaßen beruflich umorientieren. Auch als Gefängnispsychologe waren es seine Wortgewandtheit und die Freude am punktgenauen Formulieren von Gutachten und anderen Texten, die ihn besonders auszeichneten.

In den Jahren seiner Krebserkrankung hat er seinen Glauben an einer schweren Lebensrealität messen müssen. Aus meiner Sicht hat dieser Glaube dabei weiter an Tiefe gewonnen. Gläubigen und Zweiflern mögen seine Gedanken hilfreich sein.

Insgesamt hoffe ich, dass die Leserinnen und Leser dieses Buches auch staunend wahrnehmen können, dass Sterbebegleitung alles andere als nur schwarz-grau oder einfarbig ist, sondern ein wunderbares Spektrum aller Farben bietet. Letztendlich kann diese erlebte und gestaltete Zeit ein Leben reicher, tiefer und vielfarbiger machen. Auch das gilt gleichermaßen für den Sterbenden wie für seine Angehörigen und Freunde. Die ungeahnte Vielfalt der Farben können wir Hinterbleibenden mitnehmen in unsere Zeit danach.

An dieser Stelle bedanke ich mich herzlich bei Petra von der Linde für die redaktionelle Bearbeitung des Manuskriptes. Sie hat sich in fachlich großartiger Weise und mit viel Empathie und Feinfühligkeit meinem Text gewidmet.

Maria Hagenschneider, Hamm, im Januar 2016

Das bin ich – da bin ich

Da bin ich und
swinge über tragende Tanzflächen,
taste mich über brüchige Böden,
übersteige Hindernisse,
umschiffe Felsen,
schleppe mich durch die Wüsten,
hebe Trauersteine auf und lege sie ab
und raste auf Blumenwiesen.

Ich wandere durch unsere Träume voller Hoffnungen
und stelle mich den Albträumen.

Ich durchschreite die Räume unseres WIR,
und immer bin ich es, die da unterwegs ist.

Mein Leben,
mein Leben mit dir,
mein Fühlen, mein Denken,
meine Zweifel, meine Traurigkeiten,
mein Glück,
meine Wahrheiten,
ja, meine Wahrheiten
bringe ich ins Wort.

Deine Bilder, die ich kenne,
deine Worte, die ich hörte,
deine Tränen, die du vor mir weintest und mit mir,
dein Lachen, wie ich es liebte,
dein Leben, wie ich es miterlebt habe,
webe ich in meinen Wortteppich ein.

Der Wahrheit auf der Spur.
Ich werde sie nie wirklich gewinnen.

Der Liebe auf der Spur.
Ich habe viel davon bekommen, geschenkt und gesammelt.

Der Zukunft auf der Spur,
auf die ich mich mit dir und ohne dich einlasse.

Gott auf der Spur,
den ich den Ewigen nenne, seit du tot bist.

Der weiße Stein

FEBRUAR 2015

Seit mehr als zwei Jahren bist du tot, und ich nehme heute den weißen Stein in meine Hände. Auf ihm steht dein Name. Er kündete von deinem Tod an dem Morgen, als du verstorben bist. Neben der brennenden Kerze lag er auf dem Tisch im Flur des Hospizes. Ich habe ihn später mitgenommen. Er liegt hier bei all den schönen Kleinigkeiten, die ich in Erinnerung an dich gesammelt habe.

Ich nehme den weißen Stein in die Hände. Er ist kalt. Ich weine. Ich erinnere mich an die Kälte deines toten Körpers. Eine Kälte, die kälter war, als ich sie je gespürt hatte. Mehr als steinern, mehr als bleiern, mehr als felsenschwer. Halte ich den Stein lange in den Händen, wird er warm. Du wirst nie wieder warm werden.

Vor mehr als zwei Jahren bist du gestorben. Ich schreie laut. Vor deinem Tod habe ich nicht gewusst, wie schrill und brüllend sich die Trauer vertont, wie dumpf und laut die Klagen sein können, wie animalisch der Schmerz und jeder seiner Laute, wie unsagbar die Sehnsucht schreit, deinen Namen ruft. Dankbar bin ich, dass ich unser Haus allein bewohne. Diese Traurigkeit gehört nur mir.

Immer wieder gibt es diese Tage, die sich anfühlen, als wärst du gerade erst gestorben. Immer wieder gibt es diese Tage, an denen ich es kaum ertragen kann, dir nie mehr zu begegnen. Das *Nie-mehr* hämmert sich in mein Bewusstsein.

Nie mehr.
Nie mehr.
Nie mehr.

manchmal

manchmal
Verbrennungen dritten Grades
all-überall
keine heile Stelle mehr
nirgendwo unverletzt
wund, so wund
rohes Fleisch
roher Schmerz
rohe Gewalt der Trauer

leg mich
unter ein
Sauerstoffzelt
und atme reine Lebensluft
und atme Ewigkeit

und dufte
dufte um mich herum
dufte nach Rosen
dufte nach Veilchen

nein
dufte nach Rosen
nach Rosen
nach Rosen

Erinnerst du dich daran, mein Liebster in der Ewigkeit, als wir im Hospiz ankamen?

Schwerer Umzug

14. SEPTEMBER 2012

Da sitzen wir beide. Zwei Betten stehen im Zimmer – eines davon an der Wand, das andere frei im Raum. Das kleine tiefe Fenster ist auf Augenhöhe für einen Bettlägerigen angelegt und lenkt den Blick nach draußen. Ein Gedanke blitzt kurz auf: Wie schön, noch im Liegen hinausschauen zu können.

Der Baum vor dem Fenster verdunkelt den Raum. Eine Blume in der Vase auf dem kleinen quadratischen Tisch heißt uns willkommen. Später erinnere ich mich nicht mehr, ob es eine Dahlie war oder eine Sonnenblume.

Eines der Betten steht so im Raum, dass es mit der Stirnseite die rückwärtige Wand berührt, das andere steht in einer Ecke an der Wand. Ein Zustellbett. Mein Bett, denke ich, hineingeschoben, weil ich mitkommen wollte. Ohne dieses zweite Bett wäre das Zimmer geräumig.

Mein Blick schweift umher und bleibt an dir hängen. Ich sehe dich. Ich sehe dich an. Du wirkst wie ein Möbelstück, bist fest verbunden mit dem Rollstuhl. Ein unbewegliches Raumelement, denke ich und spüre einen stechenden Schmerz in der Herzgegend. Unser neues Zuhause. Nein. Kein Zuhause. Wir sind ja Gäste hier. Ein Gasthaus. Ein Gasthaus am Weg.

Was habe ich erwartet? – Es gab keine räumlichen Vorstellungen von diesem Haus, das ich bisher nur im Vorbeifahren gesehen habe. Ich habe mir keine Raumbilder gemacht. Die Zeit war zu kurz gewesen von unserer Entscheidung bis zum Einzug.

Hier also sitzen wir. Spontan regt sich Widerstand in mir.

Hier will ich nicht bleiben! Da steht zwar dieses zweite Bett. Ich bin ausdrücklich willkommen. Und trotzdem. Das Arrangement der Möbel zeigt mir, dass eine zweite Person in diesem Zimmer eigentlich nicht eingeplant ist.

Ich bin ein Eindringling. Von dem wenigen Raum, den du, mein sterbenskranker Mann, hier hast, nehme ich dir noch ein paar Quadratmeter weg. Es wird eng für dich werden, weil ich mitgekommen bin.
Ich will nicht bleiben. Ich will es ganz und gar nicht. Ich will auch nicht, dass du hier bleibst. Es geht dir doch gut heute. Vielleicht habe ich es nur geträumt, dass es dir so schlecht ging. Vielleicht habe ich all meine Ängste viel zu stark gewichtet. Vielleicht ist dieses Haus, ist dieses Zimmer noch gar nicht dran. Vielleicht könnten wir es doch ohne Hilfe schaffen. Willst du nicht lieber weiterhin daheim leben? Willst du nicht lieber – irgendwann – doch zu Hause sterben? Wollen wir nicht sagen, alles sei ein Versehen, wir hätten es uns anders überlegt?
Ich sehne mich zurück nach unserem schönen Haus, unserem schönen Haus mit all dem, was uns dort ausmacht. Ich denke an unseren Garten und an die Helligkeit der nach Süden ausgerichteten Räume. Heimwehschmerz ergreift mich.
Den heimatlichen Blick tauschen wir nun ein gegen einen Blick auf eine Hecke und einen Baum. Unser Haus, unser Zuhause mit der möblierten Geschichte unseres Lebens, soll für dich vergangen sein. Für immer?
Ich protestiere. Doch mein Protest bleibt stumm.
Beklommen sitzt auch du da, lautlos. Du schaust dich um. Du schaust mich an. Ein fragender Blick. Ratlosigkeit. Was geschieht gerade? Was ist dies für eine skurrile Situation? Du bist hierhergekommen, um zu sterben. Ich bin mit dir gekommen, um bei dir zu sein. Was wird man jetzt mit dir tun? Was wird man von uns verlangen? Die Koffer bleiben zunächst unausgepackt.

Die Tür zum Flur steht offen. Wenige Geräusche dringen herein. Ein leichter Essensgeruch weht ins Zimmer. Wir beide bleiben stumm. Die Zeiger der Uhr bewegen sich fast gar nicht. Steht die Zeit gerade still?

Hält die Welt den Atem an? Jetzt, wo du dich aufgemacht hast und hierhergezogen bist – sehenden Auges? du wirst in diesem Zimmer sterben.
Im Zeitraffer läuft der Morgen an mir vorbei, der vor allem für mich so hektisch gewesen war. Rasende Zeit. Eine unablässig ablaufende Uhr. Drängende Aktionen. Schnelle Schritte zwischen den Etagen. Atemloses Tun. Und hier? – Absolute Ruhe. Stillstehende Zeit.

Morgens hatte ich einen Handwerker nicht erreichen können, der sich gegen Mittag mit mir verabredet hatte. Der Termin war noch vor der kurzfristigen Entscheidung, ins Hospiz umzuziehen, ausgemacht worden. Die Nachbarin, die ihm die Tür öffnen wollte, war verhindert. So hatte ich eine andere Nachbarin fragen müssen. Dabei hatte ich eigentlich niemandem sagen wollen, weshalb ich nicht daheim sein würde. Ich wollte nicht darüber sprechen, dass ich dich ins Hospiz begleiten würde.

Wie sollte ich eine solch ungeheure Nachricht überhaupt irgendjemandem mitteilen? Ich fürchtete mich vor jeder Reaktion. Ich wollte kein Gespräch über deinen Gesundheitszustand. Ich wollte kein Mitleid. Ich wollte kein Erschrecken. Ich wollte die Augen zumachen und weg, einfach nur weg. Am liebsten wäre es mir gewesen, mich still und unauffällig mit dir davonzustehlen.

Wie konnte ich denn zur Sprache bringen, was in mir und um mich herum gerade geschah? In mir herrschte ein einziges großes Durcheinander. Ich wollte nicht weinen, aber auch nicht mutig sein. Ich fühlte mich nur zusammengehalten von den Verpflichtungen.

Es ging dann doch alles so viel leichter als gedacht. Ein kurzes Gespräch mit einer anderen Nachbarin, ihre empathische Reaktion, die spontane Hilfszusage.

Schon mit dem Aufstehen hatte bei mir eine ruhelose Betriebsamkeit eingesetzt. Du dagegen schienst ruhig und gefasst. Im Jogginganzug saßest du auf einem Stuhl und erledigtest noch Schreibarbeiten. Woher nahmst du diese Ruhe? Woher kam in dieser Situation deine Disziplin? Ich war weiterhin in Aufregung. Ich war in Bewegung. Atemlos. Ruhelos. Hektisch. Ungeordnet.

Du hältst mich an. Du sprichst mich an. Du nennst mich bei meinem Namen: »Maria.« *Das hilft mir einen Moment. Es beruhigt mich. Ich halte an. Kurz. Du an diesem Vormittag, ja, das bist du.*

Du, mein Mann, hast so häufig versucht, mit deinem Verhalten eine Balance zwischen uns zu schaffen. War ich traurig, hast du deine Traurigkeit beiseitegestellt. War ich unglücklich, warst du für mich da. »Einer von uns muss den Kopf über Wasser behalten!« Das war deine Devise in unserem Zusammenleben. Oft stelltest du dein Befinden hintan und richtetest dein Verhalten nach mir aus. Wenn mich Gefühle und unsortierte Gedanken überfielen und ich nicht in der Lage war, mich zu ordnen und zu konzentrieren, hast du mir geholfen, mein Zentrum wiederzufinden. Oft habe ich mich später gefragt, wieso du, der solche Erfahrungen mit mir gemacht hatte, dir so sicher warst, dass ich mit dem Leben nach deinem Tod zurechtkommen würde. »Du hast die Kraft«, sagtest du ausdrücklich. Es hat mich damals so sehr geärgert. Es hat mich gekränkt, weil ich mich nicht gesehen fühlte als eine, die auch leidet. Ich hätte gerne von deiner Sorge um mich gehört. Dann hätte ich dir darauf antworten können, ich sei stark. Ich hätte gern dir zum Trost gesagt, du müsstest dir keine Sorgen um mich machen. Später erst hat es mich mit Stolz erfüllt, dass du immer noch die in mir gesehen hast, die ich für dich war, als wir uns kennengelernt haben: eine starke Frau.

Ich kehre mit meinen Gedanken ins Hier und Jetzt zurück. Der 14. September 2012 ist der Tag nach der Franziskus-Nacht. Uns beiden war am Tag zuvor der Gedanke an Franziskus gekommen, der alles zurückgelassen hatte. So nannten wir die Nacht Franziskus-Nacht. »Aber ich sterbe nicht nackt auf dem Boden meiner Kirche, wie es Franziskus tat«, hattest du gesagt. Das warst du.

Ich musste an Loriot denken. »Wir teilen alles, und manchmal macht auch einer von uns einen kleinen Scherz«, sagte ich. Und was du mit dem von uns sehr geschätzten heiligen Franziskus sowieso nicht geteilt hast, war seine Körperfeindlichkeit. Du hast dich nicht gegeißelt. Das tat der Krebs. Und auf dem Boden der Kirche zu sterben, gar nackt, das konnte auch nicht dein Ansinnen sein. Da war dir Teresa von Ávilas mutige Zuversicht doch viel näher:

> Nichts soll dich ängstigen,
> Nichts dich erschrecken,
> Alles vergeht,
> Gott bleibt derselbe.
> ...
> Gott genügt.[2]

Erinnerst du dich, Klaus, dass der Krankenwagen später als vereinbart kam? Das hat mich geärgert. Ich war unleidlich und zickig.

Und dann gab es noch diese Komplikationen beim Verlassen des Hauses, als die beiden Sanitäter dich per Trage aus dem Schlafzimmer im ersten Stock unseres Hauses in den Krankentransporter bringen wollten. Das Treppenhaus erwies sich als zu eng. Ein Transportstuhl wurde herangeschafft. Doch auch der ist nicht schmal genug. So wirst du aufgefordert, selbst die Treppe hinunterzugehen. Du, der sich seit fünf Tagen keine Treppe mehr hinauf- oder hinabgewagt hat, gehst tapfer Stufe für Stufe. Du trägst deinen Jogginganzug, der für einen Liegendtransport gedacht war. Hättest du gewusst, dass du das Haus auf deinen eigenen Beinen verlassen würdest, hättest du eine Tuchhose und ein Hemd getragen. Es wäre dir wichtig gewesen, eine gute Figur zu machen.

Du kommst unten an. Du wendest deinen Kopf der Haustür zu und dem davor stehenden Krankenwagen. Kein Blick schweift in das Wohnzimmer, auch nicht in den Garten, nicht in die Küche. Du konzentrierst dich auf dein Tun. Du gehst zum Krankenwagen ohne einen einzigen Blick zurück. Mir schnürt es die Kehle zu.
   Diese widerstreitenden und unsortierten Gefühle in mir sind mächtig. Mein Ärger wächst und meine Unzufriedenheit mit mir selbst ebenso. Und ganz tief darunter gibt es einen abgründigen Schmerz über diesen Abschied. Nach außen richtet sich meine Wut gegen die Fahrer des Krankentransporters. Unfair, natürlich. Hilflos, so hilflos.

Dieser Tag ist einer der schwersten in der Zeit unseres Abschieds, und mit einem einzigen Gedanken daran kann ich bis heute den Schmerz wecken. Wir verlassen unser gemeinsames Haus und wissen, du kehrst nie mehr zurück. Hätte ich gewusst, dass du auf deinen eigenen Beinen gehen konntest, dann hätten wir keinen Liegendtransport angefragt. Dann hätte ich dich in meinem Auto ins Hospiz fahren können. Wäre es nicht um einiges entspannter gewesen, wenn wir beide unabhängig vom Krankentransporter gewesen wären? Außerdem hätten wir die vereinbarte Uhrzeit einhalten können. Ich mag es nicht, mich zu verspäten. Vielleicht war es gut, dass dich Fremde aus dem Haus begleitet haben. Vielleicht haben dich die Fahrer des Krankentransporters davor bewahrt, deinen Gefühlen ausgeliefert zu sein. Vielleicht haben die beiden Fahrer dich vor einem großen Zusammenbruch bewahrt.

Mit dir allein dieses Haus zu verlassen, Zimmer um Zimmer, ja, das hätte ich mir gewünscht. Aber ich muss wohl anerkennen, dass es meine Art gewesen wäre, dass ich mich so verabschiedet hätte. Deine war es offenbar nicht. In meinen Bildern fantasiere ich einen Mann, der Raum für Raum unseres Hauses in den Blick nimmt, verweilt und geht. Ich sehe dich weinen und ich tröste dich, ich, die starke Frau. Du hast das nicht von mir verlangt. Du bist einfach davongegangen. Einfach davon. Einfach?

Du hättest den frühen Morgen mit Abschiednehmen füllen können, wenn du gewollt hättest. Oder war uns doch die Zeit davongelaufen? Oder hattest du innerlich schon längst das Haus hinter dir gelassen?

Später hast du gesagt, du hättest gerne noch zwei bis drei Tage mehr daheim verbracht, um noch ein paar Dinge zu regeln. Du hast nicht vom Abschiednehmen gesprochen. Und ich habe dich nicht danach gefragt. Ob du dich mir nicht zumuten wolltest? Hätten wir den Umzug auf später verschieben können? Wir haben nicht danach gefragt. Der Arzt sagte mir irgendwann, es werde eher schwerer, wenn man mehrere Tage um den Umzug wisse. Du würdest sehr bald sterben, war seine Einschätzung. So hatte er im Hospiz darum gebeten, das Notzimmer belegen zu dürfen, damit wir beide noch eine entspannte und schöne Zeit miteinander haben würden, die vermutlich kurz sein würde.

Du hast den Abschied von daheim nie mehr thematisiert.

Ich habe ihn wie einen Stachel im Fleisch in mir herumgetragen und bin zum ersten und zweiten Jahrestag ins Hospiz gefahren, um dort zu sitzen und mich zu versöhnen. Erst im Nachhinein konnte ich spüren, dass alles gut und richtig gewesen war.

Ankommen

14. SEPTEMBER 2012

Nun hat uns also S. in Empfang genommen. Im Rollstuhl hat sie dich ins Zimmer am Ende des Flures geschoben.

Sie wird eine von zwei Bezugspflegerinnen sein, die deine Pflege in einer der zwei Schichten verantwortet und hauptsächlich übernimmt. S., mit der ich später viele Gespräche führe, die mir dein Verhalten und deine Träume entschlüsselt. S., die später die Trauerfeier für dich im Hospiz gestaltet – zusammen mit der Pfarrerin. Sie ist eine wunderbare, klare, warmherzige und kompetente Bezugsschwester. Sie begleitet später deinen toten Körper wieder bis zur Tür dieses Gasthauses.

Hier, in diesem Gästezimmer sitzen wir beide und schauen auf den Zeiger der Uhr. Was geschieht jetzt? Wird es eine Aufnahme geben? Müssen wir Formulare ausfüllen? Wirst du eine körperliche Untersuchung über dich ergehen lassen müssen?

Wir sitzen und warten. Der Uhrzeiger bewegt sich kaum. Jede Minute dehnt sich ins Endlose. Eine andere Schwester kommt ins Zimmer. Ich schaue auf die Uhr. Es ist kaum Zeit verstrichen.

Wir lernen Schwester B. kennen, eine weitere Pflegerin. Sie hockt sich vor dich hin, als sie mit dir zu sprechen beginnt – auf Augenhöhe, was mich sofort für sie einnimmt. B. erlebe ich später im ambulanten Hospiz bei Trauerseminaren auch als Trauerbegleiterin.

Die Hauswirtschafterin kommt, stellt eine gute Küche in Aussicht und verabschiedet sich gleich wieder. Sie hat ab heute Urlaub. Die Gäste im Hospiz dürfen Wünsche an die Küche richten – der Speiseplan wird entsprechend gestaltet. Vor meinem inneren Auge blitzt kurz der Gedanke ans »Gelobte Land« auf. »Ein Land, in dem Milch und Honig fließen« (Exodus 3,8).³

Und dann kommt Dr. K. Er war seit seinem Besuch bei uns zwei Tage zuvor das Bindeglied zum Hospiz. Als du ihn siehst, lächelst du. Ihn hast du sehr erwartet. Dein Doktor ist da. Jeder seiner Besuche in den nächsten Tagen und Wochen wird ein Fest für dich.

Dein Doktor ist heute erstaunt darüber, dass du einen besseren Eindruck machst als bei seinem letzten Besuch bei uns zu Hause. Er freut sich darüber, dass die durch ihn veränderte Medikation dich wacher macht. Du bist nicht mehr durch die Morphine überdosiert.

Ja, so kommen wir an. Langsam kommen wir dann wirklich an. Du magst sogar etwas zu Mittag essen.

Ich räume deine und meine Kleidungsstücke in den Schrank. Es wird schnell klar, dass du nicht gedenkst, immerzu im Bett zu liegen, und deshalb mehr als Jogginghosen, Schlafanzüge und Unterwäsche brauchen wirst. Wir stellen die Betten aneinander, denn wir wollen nicht getrennt liegen. Das Angebot, dir einen Sessel zu besorgen, freut uns.

Nachdem wir eine Woche später ein anderes, helleres Zimmer bezogen haben, wird der rote Sessel am lichtesten Ort des Raumes direkt vor der Terrassentür dein Lieblingsplatz. Wie oft hast du dort gesessen ... Besucher kamen, Familie, Freunde. Alle nahmen um dich herum Platz. Du hast in den kommenden Wochen in diesem Sessel »gethront« und »Audienz gehalten«. Auch in unseren Urlauben war es oft so gewesen: Du fandest die Ferien gelungen, wenn du einen Sessel im Zimmer hattest.

Manchmal saßest du auch im Wintergarten des Hospizes. In den ersten schönen Spätsommertagen war es im Garten noch angenehm warm, und wir konnten dort gemeinsam Gäste empfangen. Doch der rote Sessel war und blieb die ganze Zeit über eines der wichtigsten Möbelstücke für dein Wohlbefinden.

Später, als wir umgezogen sind, fällt unser Blick immer wieder durch die Terrassentür auf den Ahornbaum, der unser sichtbares Bild für den Wechsel der Jahreszeiten werden wird. Grün ist sein Laub, als wir kommen, farbig wie die Wälder im Indian Summer wird er in den folgenden Wochen, und als der erste Frost kommt und die Blätter fallen, ist auch dein Tod ganz nah.

Ich fand es stimmig, dass du dich in den Kreislauf des Jahres einbinden ließest und vergingst wie der Sommer über einem kraftvollen Herbst. Erinnerst du dich an das melancholische Gedicht, das ich alljährlich rezitiert habe?

»Es geht zum Herbst, die Luft wird seltsam blass…«[4]

Jedes Jahr im Herbst hast du darauf gewartet, dass ich es – zusammen mit den Rilke-Gedichten – zur Sprache bringe. »Herr: es ist Zeit, der Sommer war sehr groß.«[5]

Aber zurück zum Tag unserer Ankunft.

Das Angebot, eigene Bilder von daheim zu holen und so ein bisschen Heimat zu schaffen, füllst du gleich mit deinen Wünschen. Dein Bronzekreuz, nur eine Handbreit hoch, von dir selbst gekauft und alle unsere Ehejahre den Eingangsbereich in unseren Wohnungen und bisher noch unser Haus wie eine Mesusa[6] schmückend, möchtest du in Augenhöhe über dem kleinen Fenster befestigt haben. Das Glasbild mit den guten Wünschen, das ich dir zu deinem letzten Geburtstag geschenkt habe, willst du vom Bett aus über dem Sessel sehen. Zwei von mir gemalte Bilder sollen die Wände zieren. So hole ich später diese Wunschgegenstände.

Wir okkupieren das Bad, das zum Zimmer gehört. Natürlich ist es ein Pflegebad. Du bekommst aufgrund deiner Größe eine Toilettenerhöhung. Eine Krankenpflegeschülerin führt uns dann durch das Haus.

Ein, zwei Stunden später mache ich mich noch einmal allein auf den Weg und verweile überall, so lange, wie ich möchte. Ich kenne das von mir. Räume muss ich ergehen, durchschreiten und besetzen, um sie wahrzunehmen. Ich muss Gegenstände begreifen, um mich an sie zu erinnern. Um mich wohlzufühlen, muss ich mich selbst positionieren.

Die Küche schaue ich mir genauer an. Erst jetzt nehme ich den Hundekorb wahr, den an anderen Tagen der kleine Hospizhund nutzt, dem aber die hintere Küchenzeile verwehrt ist. Ich fühle mich vom hellen Wintergarten angezogen, in dem gerade ein Bett mit einem anderen Hospizgast steht. Hier wirst du vielleicht auch einmal liegen.

Im Wohnzimmer sprechen mich die geschmackvollen Dekorationsgegenstände an. Ich finde Bücher und CDs. Überall stehen Blumenvasen mit üppigen Sträußen Dahlien. Eine Ehrenamtliche kommt einige Male in der Woche mit ihrem Rad, an dem Körbe voller Blumen hängen. Sie verteilt sie im ganzen Haus.

Auf den langen Fluren wandern meine Augen über die Bilder, die dort hängen. Viel Licht fällt durch die großen Fenster, die den Innenhof umschließen, ins Wohnzimmer und auf die Flure. Ich öffne die Tür zum Innenhof. Die Sommermöbel stehen noch dort. Ein Strandkorb lädt zum Niedersetzen ein. In der Mitte des Hofes steht ein Apfelbaum. Wie schön. Er lässt mich an meinen Vater denken, der seit zwei Tagen im Koma liegt. Apfelbäume sind in ihrer knorrigen Winterstarre, später mit ihren vollen Blüten und dann zur Erntezeit, wie sie jetzt bevorsteht, zeichenhaft für mich und mein Verständnis vom Werden und Verwandeln.

Weißt du noch, Klaus, als wir auf der Suche nach Apfelblüten in Meran unterwegs waren? Es war im Jahr 2004 nach deiner ersten Chemo, als du dich danach sehntest, in der Sonne zu sitzen. Weißt du es noch?

Das große Extra-Badezimmer schaue ich auch noch an. Hinter einer einladenden Tür öffnet sich ein Raum mit einer in der Mitte stehenden großen Wanne. Die Hilfsmittel, die gebraucht werden, um jemanden hineinzuheben, hängen seitlich. Das Zimmer, in dem Kerzen auf Regalen und Fensterbänken stehen, wirkt gleich auf den ersten Blick einladend. Hier geht es ganz offensichtlich um mehr als Reinlichkeit. Der Raum strahlt Wellness pur aus. Nein, Wellness ist vielleicht das falsche Wort. Kann man Zärtlichkeit erahnen? Hier jedenfalls werden Menschen berührt.

Mich zieht es in den Raum der Stille, einen Ort wie eine Kapelle, der mir wie eine Gebärmutter vorkommt. Dämmerig wirkt er, trotz der über Eck angelegten Fensterreihen. Hier oben, im zweiten Stock, ist es still, selbst wenn die Tür zum Flur offen steht. Die herüberwehenden Töne ferner Gespräche wirken gedämpft, weniger noch als Gemurmel. Gebärmuttergefühl.

Es ist doch auch so, denke ich spontan, dass das Sterben nur die letzte Phase der Schwangerschaft hin zur endgültigen Geburt ist. Dies ist ein Ort für die Sterbenden. Und ein Ort für mich. Hier kann ich sein – hier kann ich bei mir sein, und hier kann ich vor Gott sein. Ich fühle mich willkommen, geschützt und geborgen.

In diesem Raum der Stille liegen Gästebücher aus, große Alben, in denen es Fotos von den hier Verstorbenen gibt und Texte, die ihnen von Angehörigen oder Mitarbeitern geschrieben wurden. Ich lese, dass einige Gäste nur sehr kurz, andere hingegen mehr als hundert Tage hier gelebt haben. Das erstaunt mich.

Ich beende meinen Rundgang und erzähle dir von den mehr als hundert Tagen. Du lachst. Zu denen, die es so lange geschafft haben, willst du gehören. »Ich sterbe noch nicht. Ich lebe jetzt hier«, sagst du. In den nächsten Tagen planst du gar bis Weihnachten. Ob du, falls du Weihnachten noch lebst, wohl noch einmal den Heiligen Abend mit der Schwester und ihrer Familie feiern kannst, wie all die Jahre zuvor, fragst du. Ich schlucke. Es ist gerade mal Mitte September. Aber ja, wenn du die hundert Tage schaffst, wirst du Weihnachten erleben. Dann werden wir alles mögliche machen, was du möchtest, das verspreche ich dir.

Im Gästebuch steht später auf der Seite mit deinem Namen und der Fotocollage, die ich gestaltet habe: »Er war 75 Tage unser Gast.«

Aber das weiß ich noch nicht, als ich uns jetzt Kaffee und Kuchen aus der Küche besorge. Mit jedem Schritt, den ich in diesem Haus gehe, komme ich ein wenig mehr an. Dir geht es gesundheitlich eher gut heute, und ich weiß, dass du in der kommenden Nacht sicher nicht sterben wirst.

Ahnungen

14. SEPTEMBER 2012

U. hat Nachtdienst. Sie kommt fröhlich herein. Wir sitzen beide noch wach in unseren Betten. Und so nimmt sie sich Zeit für ein ausführliches Gespräch. Sie lehnt sich an die Wand neben dem kleinen Fenster, die Beine etwas gebeugt, sodass wir wir uns auf gleicher Höhe befinden. Du findest in ihr sofort ein humorvolles Gegenüber und genießt es sichtlich, mit ihr zu reden.
    Was geschieht da mit dir?
    Deine Lebensgeister kommen einer nach dem anderen zurück.
    Du bist sehr lebendig in deinen Worten und in deiner Mimik.
    Du bist sehr wach und aufmerksam.
    Du lachst und bringst sie zum Lachen.
    Du spielst das Spiel, das du beherrschst,
    Gedanken und Worte – auf den Punkt gebracht – sausen zwischen U. und dir hin und her.
    Ich bin mit euch im Gespräch, aber du bist eindeutig der Tonangebe.

Ich ahne, dass du Geschmack am Hiersein bekommst.
    Umgeben zu sein von klugen und warmherzigen Menschen, das tut gut. Umgeben zu sein von Menschen, die es sich zur Aufgabe gemacht haben, dir jene Wünsche zu erfüllen, die sie erfüllen können. Umgeben zu sein von Menschen, deren Anliegen du bist – rund um die Uhr, solange du hier sein wirst, so lange du lebst. Du scheinst zu fühlen, was das Hiersein für dich bedeuten kann. Kann es sein, dass dir blitzartig klar wird, dass du in diesem Haus deine kommunikativen Fähigkeiten, deine Eloquenz, deine Intelligenz und deinen Humor in vollem Umfang wirst einsetzen können? Kann es sein, dass dieses Haus mit seinen wunderbaren Menschen dir die Lebenszeit verlängert, weil du Spaß hast an diesen Begegnungen? Kann es sein, dass es dein Glück ist, hier zu sein, weil du noch einmal Du sein kannst mit allem, was dich ausmacht? Kann es sein, dass du die erste Runde des Tanzes mit Gevatter Tod heute Nacht für dich entscheiden konntest?

Wunderglaube

Wir Realisten
ertappen uns
beim Wunderglauben,
wenn die Realitäten unerträglich werden.

Wir binden uns Hoffnungsgrünbänder
um die Herzen
und sagen:
Es könnte doch sein, dass…,
und:
So vieles ist möglich!

Klarsichtig will ich nicht sein,
denn ich will
Unmögliches für möglich halten.

Hoffnungsfetzen aus vagen Aussagen
und gedeuteten Blicken
füge ich zusammen,
wie es die Quilterinnen tun.

Ich wandle die Ängste und Gebete
in Hoffnungsstoffe
aus unterschiedlichen Grüntönen.

So groß muss das Grünwerk werden,
dass es jede Träne aufnimmt,
die ich weine,
wenn das Wunder ausbleibt.

Vielleicht
pflanze ich das nasse Grünwerk,
und es wird zum Baum.

Vielleicht
geschieht ein Wunder.

Du gewinnst Menschen mit deiner Kommunikationsfähigkeit und deinem Humor, der sich aus der jeweiligen Situation ergibt. Das war schon immer so. Und das soll hier noch einmal möglich sein – bis zum Tod. Die Aufmerksamkeit der Menschen hier ist dir sicher. Du wirst alles dafür tun, diese auch zu erwidern. Du spürst: Ich sterbe noch nicht! Ich darf hier noch eine Weile leben. Ich. Ich, so wie ich bin und wie ich mich selbst sehe. Wie wunderbar, nicht reduziert zu sein auf einen leidenden Körper.

Schöntrauriger Sommer

SOMMER 2012

Im April des Jahres 2012 hattest du deine Arbeit als Gefängnispsychologe mit 63 Jahren beendet. Für uns begann der letzte Sommer. Wir wussten beide, dass die Zeit endlicher werden würde. Wir erlebten es ja, wie mühsam der Alltag für dich geworden war. Das Nachlassen deiner Lebenskräfte spürtest du jeden Tag und jede Nacht, unaufhaltsam. Mich besorgte zunehmend, wie wenig Appetit du hattest und wie dramatisch deine Müdigkeit und auch deine Schmerzen zunahmen.

In den Nächten schliefst du nicht mehr im Bett, sondern meistens sitzend auf einer Liege im anderen Raum. Wenn Schmerzattacken kamen, gingst du Runde um Runde im oberen größten Zimmer des Hauses umher. Manchmal knietest du auf einem Stuhl, strecktest und beugtest den Rücken und wünschtest dir eine Kniebank.

Es waren die Knochenmetastasen, die unaufhörlich Schmerzen verursachten und sich so schwer eindämmen ließen. Die Chemotherapie lag schon eine Weile hinter dir, und die Teilnahme an einer Härtefallstudie hatte dir ein weiteres, kostbares Lebensjahr gebracht.

Ich schlief wie eine Mutter, deren Schlaf leicht ist und die immer wieder auf die Geräusche lauscht, die irgendwo im Haus zu hören sind. Wenn du wieder herumliefst, ging ich manchmal mit dir, hin und her, dort oben im längsten Raum unseres Hauses. Irgendwann sagtest du dann: »Einer von uns beiden muss schlafen und bei Kräften bleiben!«, und schicktest mich ins Bett. »Könnt ihr nicht eine Stunde mit mir wachen?«, schoss mir durch den Kopf.[7] Ich fühlte mich wie Petrus, auch wenn du mir nicht – wie Jesus am Ölberg ihm – aufgetragen hattest, mit dir zu wachen. Ich wollte dich nicht alleinlassen. Ich wollte, ich sollte doch mit dir wachen. Aber du warst unerbittlich! Es nutzte nichts, sich gegen deine Einsichten und Vorstellungen zu wehren. So ging ich zwar ins Bett zurück, verbot mir aber zu schlafen. Trotzdem fielen mir meist irgendwann die Augen zu – manchmal schlief ich dann unruhig, in anderen Nächten tief und fest.

Eines Nachts riefst du nach mir, und es dauerte viel zu lange, bis ich davon aufwachte. Danach dachten wir über eine Glocke oder Schelle nach. Oder ein Band, das wir spannen wollten zwischen uns, quer über den Flur. Im Ideenspinnen waren wir beide immer ein gutes Team gewesen. Du sprudeltest über vor Einfällen, und ich überprüfte sie auf Machbarkeit. So manches Mal habe ich dich »ein Spielkind« genannt.

Es gab Nächte, in denen ich dankbar war, dass du mich nicht ständig an deiner Seite haben wolltest. Ich war manchmal selbst so müde und schlafbedürftig. Es wunderte mich, wie deine Schmerzen in mich selbst einzogen, sich wandelten in schmerzendes Mitleiden. All die Schwere deiner Traurigkeit hatte auch in mir Platz, und jeden Tag kamen neue graue Erfahrungen dazu. Kann man all das bis ins Unendliche addieren? Nein, ich konnte es nicht. Glücklicherweise dauerte es lange, bis ich vollends erschöpft war. Als du schließlich starbst, war auch mein Kraftreservoir leer.

Der Sommer vor deinem Sterben – nein, der Sommer mitten in deinem Sterben – war der Sommer des Abschiednehmens.

JUNI 2012

Du sitzt auf unserer Terrasse. Die Ärmel deines karierten Hemdes sind hochgekrempelt. Du sprichst von den »schöntraurigen« Momenten, schaust auf die Rosen, und ich spüre große Zärtlichkeit in mir. Wir essen gemeinsam einen Erdbeerkuchen mit viel Schlagsahne. Du erhebst dich und spazierst auf dem kurzen Weg in unserem kleinen Mittelreihenhaus-Garten hin und her. Jede Blume, die sich anschickt zu blühen, fin-

dest du und erfreust dich an ihr. Schmetterlingen schaust du hinterher und den grünblau schimmernden Libellen, die von dem nahen Teich des Nachbargartens kommen. Auch in diesem letzten Sommer gibt es die zauberhaften Momente, in denen die Freude an der Schönheit des Lebens mitten in unserem Garten Platz hat. Wie zerbrechlich und zart sich unser Sommerglück anfühlt. Wir sprechen immer noch vom Glück.

»Ohne Gedanken an ein unausdenkbares Glück gibt es nicht einmal das Bewusstsein des irdisch vergänglichen Glücks, das im Blick auf seine unaufhebbare Vergänglichkeit niemals ohne Trauer sein kann«, lese ich nach deinem Tod von dir unterstrichen in einem Buch von Max Horkheimer[8].

Und auch das gab es in diesem Sommer: Fast jeden Morgen hast du dich zu einer Lesestunde mit dir selbst verabredet und in theologischen oder religionsphilosophischen Büchern gelesen, bis dich die Müdigkeit übermannte. Du musstest dich dieser Müdigkeit überlassen, aber du warst ärgerlich, dass dir die wache Zeit immer mehr abhandenkam. Du empfandest so etwas wie Torschlusspanik. Und du warst traurig. Ich fand dich häufiger in deinem Lieblingssessel sitzend und die Tränen flossen.

In deinen Aufzeichnungen formuliertest du ehrlich und tief bewegt, dass du dich betrogen fühltest um das Leben. Wenn andere von ihrer bevorstehenden Rentenzeit erzählten und fröhlich planten, dann konntest du es kaum aushalten. Du hattest doch auch Pläne gemacht, wie du deine Rentenzeit füllen wolltest. Manchmal fanden wir beide keinen Trost. Es galt, die Trauer über das Ende auszuhalten. Keine Wahl, wir hatten keine Wahl. Das war schrecklich. Mich zerriss die Klarheit meiner Gedanken an manchen Tagen. Ich würde eine Zukunft haben. Und du würdest sie nicht mehr mit mir gestalten. Es würde eine Zeit nach dir geben.

Ja, die Zeit wurde knapp! So war es zunächst das Wissen darum, dass du vieles nicht mehr würdest erleben dürfen, was dich traurig machte. Und dann lief dein Leben an dir vorbei, und jede Entscheidung, die du je getroffen hattest, wollte noch einmal angeschaut und bedacht werden. Die größten und wichtigsten Fragen stelltest du: Habe ich mein Leben sinnvoll gelebt? Bin ich meinem Anruf und Auftrag gerecht geworden?

Du entdecktest in diesem Sommer, nach dem Ende deines Berufslebens, dass die alten Leidenschaften für die Theologie wieder erwachten. Wie anders betreibt man Theologie in jungen Jahren als später, wenn das Leben zu einem großen Teil gelebt worden ist. Hättest du noch Lebenszeit, so sagtest du in diesem letzten Sommer, hättest du gern noch einmal intensiv Theologie, vor allem Religionsphilosophie, studiert. Mit großer Freude schwärmtest du von Bernhard Welte, der in Freiburg einer deiner Lehrer gewesen war. Ich erinnerte mich: Bei einem unserer letzten Urlaube im Schwarzwald saßest du irgendwann in der theologischen Abteilung bei Herder in Freiburg und hattest dich festgelesen – in einem Welte-Buch. Dieses Buch steht bei mir im Regal als Zeugnis deiner Leidenschaft. Während du die Psychologiebücher gleich zu Beginn deines Ruhestandes ohne sichtbare innere Bewegung verschenken oder gar wegwerfen konntest, füllten sich die Regale wieder mit theologischen oder religionsphilosophischen Werken.

Du lasest Franz Kamphaus, den du schon immer seiner Theologie und auch seines konsequenten Lebens wegen geschätzt hattest. Auch er war zu deinen Studienzeiten in Münster einer deiner Lehrer. Aus seinem Buch »Gott ist kein Nostalgiker« gab es Gedanken zu Leid, Tod und Auferstehung, die bei deiner Abschiedsfeier gelesen werden sollten. Der Theologe in dir erwachte zu neuem Leben. Schließlich warst du, bevor wir heirateten, neun Jahre katholischer Priester aus Berufung gewesen. Du lasest auch erneut Jörg Zink. Einer seiner Texte hatte dich schon lange begleitet:

In dir sein, Herr, das ist alles.

(…) Ich hole mich aus aller Zerstreutheit zusammen
und vertraue mich dir an (…)

In dir sein, Herr, das ist alles,
was ich mir erbitte.

> Damit habe ich alles erbeten,
> was ich brauche für Zeit und Ewigkeit.⁹

Bei ihm fandest du später auch das entscheidende Gebet für deine Trauerfeier: »Herr, ich habe deine Güte gesehen.«¹⁰ Dein Freund N., mit dem du zusammen im Dezember 1974 zum Priester geweiht worden warst, hatte dir das Buch einst geschenkt, in dem es abgedruckt ist. Seine Widmung zeugt noch davon.

Je weiter der Sommer fortschritt, umso mehr wuchsen meine Sorgen um dich. Ich hatte nicht geahnt, mit wie wenig Essen man überleben kann und wie viele Schmerzen ein Mensch auszuhalten vermag. Du konntest das. Ich hätte es wohl nicht geschafft. Mich überfiel die Angst, dass du neben mir verhungern würdest und man mir irgendwann vorwerfen könnte, dass ich nicht gehandelt hätte. »Mein Gott, ist dein Mann dünn geworden«, hörte ich überall. In den Anzügen verschwandest du fast. Du konntest alte Hosen wieder tragen.

Ich kaufte dir »Spezialkost« in der Apotheke und »Kraftgetränke«. Dennoch nahmst du weiter ab. Einen geplanten Urlaub an der See mussten wir absagen. Selbst dafür fehlte die Kraft. Für uns beide war das ein Eingeständnis der fortgeschrittenen Erkrankung. Das tat weh. Die Nachbarn fuhren in die Bretagne und brachten uns später Sand von dort mit. Ein Trostversuch.

Gegen Ende August schickte dein behandelnder Arzt, der Urologe, mit dem du sehr partnerschaftlich und ehrlich umgehen konntest, dich wegen deiner Schmerzen zu einem Schmerzmediziner. Du bekamst schon eine Weile Morphinpflaster und auch Tropfen, aber die Dosierung stimmte nie. Ich begleitete dich zu diesem Arzt.

»Nehmen Sie so viel Morphin, wie Sie brauchen«, lautete seine Botschaft. »Sie sind doch zu nichts mehr verpflichtet, außer dass es Ihnen gut geht und die Schmerzen eingedämmt werden.« Es war ein Freibrief für dich, mit fatalen Folgen. Du wurdest immer kühner bei der Dosierung der Morphine, und zunächst antwortete dein Körper positiv. Ohne Schmerzen warst du wieder in der Lage, Veranstaltungen zu besuchen wie den »Feierabend« meines Schwagers, der zum Ende seiner Arbeitszeit einlud. Wir beide erlebten noch einen schönen Tag auf dem Katamaran am Möhnesee. Dieser 5. September 2012 sollte unser letzter schöner Ausflugstag werden.

Aufstieg und Niedergang

AUGUST 2012

»Nehmen Sie so viele Medikamente, wie Sie wollen!«

Natürlich putschte dich die Medikation zunächst auf. Wenn man keine Schmerzen mehr hat, ist es, als sei man auf einmal im Paradies. Du wirktest auf mich so wie der Mann, der sprichwörtlich wieder Bäume ausreißen kann. So hast du dich gefühlt. So hast du dich verhalten. Ja, und so warst du auch ein paar Tage glücklich.

Der Geburtstag meines Schwagers stand als »Feierabendfeier« am 31. August 2012 bevor. Für ihn endete das Erwerbsleben. Wir hatten geplant, dass ich allein hinfahre. Da du dich aber schmerzfrei und fit fühltest, wolltest du mich begleiten. Du fuhrst die 120 Kilometer bis ins Südsauerland selbst, hin und zurück.

Die Fotos, die ich an diesem Abend machte, zeugen davon, dass dein Jackett an dir hing. Den dunklen Anzug, den wir erst ein halbes Jahr zuvor gekauft hatten, wolltest du nicht tragen, und ein neues Sakko konnten wir auf die Schnelle nicht kaufen. Die Fotos zeigen dich sterbenskrank, blass, hager, gebrechlich, hinfällig. »Ich sehe aus wie mein eigener Tod«, hast du später über dein Aussehen mit leiser Stimme gesagt. Doch die Fotos zeigen, trotz alledem, einen glücklichen Mann. Alle, besonders meine Eltern, waren froh, dich zu sehen.

An diesem Abend warst du da. Du warst da! Du warst lebendig! Du erlebtest die Bauchtanz-Vorführung unserer Nichte, die mein Vater amüsiert kommentierte: »Da denkt man, das Kind studiert Mathematik, und was hat sie gelernt? Sie hat gelernt, so zu tanzen!« Wider Erwarten machte er damit unserer Nichte das größte Kompliment.

Ja, du warst da mit mir! Du warst wach und aufmerksam! Du konntest essen! Wir waren glücklich.

Nur wenige Wochen danach gewann dieser Abend noch intensiver an Bedeutung, weil es unsere letzte Begegnung mit meinem Vater war. Er starb drei Wochen später.

Die hohe Dosierung des Morphiums machte dich zunächst nur leicht euphorisch, ohne dich zu verwirren. In den Tagen nach dem »Feierabend« ging es dir gut. Ich hatte Urlaub und die Idee, mit dir zum Möhnesee zu fahren. Der September hatte sich mit wunderbarem Sonnenschein eingeschmeichelt, und alles in uns drängte danach, vor dem Herbst noch ein wenig Wärme zu tanken. Du wolltest aufs Schiff, und so schipperten wir am 5. September eine Stunde auf dem See. Eigentlich mag ich keine Schiffe und bin eher dir zuliebe mitgefahren. Doch es war schön. Da saßen wir und schauten auf das Wasser, und es war pures Glück. Am liebsten hätte ich tausend Fotos gemacht, um alle Augenblicke und alle Gefühle festzuhalten. Wir schauten auf den Schaum, den die Schiffsschrauben erzeugten. Wir schauten auf den nahen Wald, in dem wir häufiger zusammen spazieren gegangen waren. Ich legte die Schuhe auf die Reling und machte Selfies. »Glück als das lichterlohe Bewusstsein; diesen Anblick wirst du niemals vergessen.«[11] Dieses Zitat, es fällt mir so häufig ein. Es ist dieses Wort vom »lichterlohen Bewusstsein«. Es ist dieses Brennen und doch nicht Verbrennen. Es ist die Helligkeit des Bewusstseins. Es ist wie ein Brandzeichen im Innern, in der Erinnerung. Nein, ich werde es niemals vergessen, dieses Glück.

Später gingen wir noch ein Stück über die Staumauer und speisten anschließend hervorragend. Dir war all das noch nicht genug Aktion für diesen Tag. Wir fuhren in die Stadt, wo ein neues Kaufhaus eröffnet hatte, und kauften einen Drucker, den wir verschenken wollten. Das war der letzte der aktiven und mobilen Tage in deinem Leben. Es war ein Glückstag! Doch er war teuer erkauft durch eine Überdosierung Morphium. Wir waren uns dessen nicht bewusst.

Der Tag endete in einer dramatischen Nacht, in der die Morphine Gespenster heranlockten. Angst und Furcht holten dich aus deinem Schlaf. Dabei warst du fast bis zur Bewusstlosigkeit müde. In dieser Nacht begriff ich, dass du wirklich sterblich bist. Zum ersten Mal konnte ich das Gefühl nicht wieder loswerden, dass dein Tod sehr unmittelbar bevorstand. Es war ein deutliches Erkennen, du könntest mich in dieser Nacht für immer verlassen. Und wenn nicht in dieser Nacht, dann würde es einer der nächsten Tage oder eine der nächsten Nächte sein. Lange saß ich neben dir, nachdem du schließlich in einen fast komatösen Schlaf gesunken warst.

»Ich glaube, ich liege auf einem unsichtbaren Kabel. Dadurch kann ich in der Nachbarschaft irgendeine Katastrophe auslösen«, sagtest du, als du wach wurdest. Die elektrischen Geräte rund um dich herum ängstigten dich fürchterlich. Diese Angst war erschreckend. Du brachtest sie so ernsthaft zum Ausdruck, dass ich mich von deiner Furcht anstecken ließ. So hatte ich dich noch nie erlebt. Du warst in allen anderen Gedanken klar. Du erkanntest mich und wusstest, wo du dich befandest. Dennoch warst du davon überzeugt, dass es diese reale Gefahr gäbe.

Irgendwie schafften wir es schließlich, die Furcht zur Seite zu drängen. Du schliefst wieder ein. Und auch der Gedanke, du könntest in dieser Nacht sterben, verlor jeden Schrecken für mich. Ich wurde ruhig. Überhaupt war ich in dieser Nacht ruhiger und klarer als in vielen anderen Situationen. Lag es daran, dass du nun derjenige warst, der zersplittert wirkte, sodass ich instinktiv die Führung übernahm? Es war nicht mühsam für mich, stark zu sein. Dankbar für die schönen letzten Tage, wünschte ich mir nun fast, der Tod möge leise und sanft in dieser oder einer der nächsten Nächte kommen. Ich war da. Und fühlte die Kraft, bei dir zu sein und dich zu begleiten bis zuletzt.

Wärst du gestorben in dieser Nacht, hätte ich am nächsten Morgen meine Freundin S. angerufen und sie gebeten, mich den Tag über zu begleiten. Einen geschenkten Tag lang, den folgenden Tag nämlich, den ich allein mit dir verbringen würde. S. hätte jeden anderen Menschen von mir fernhalten sollen. Und erst einen Tag später hätte ich getan, was zu tun gewesen wäre.

Gegen Morgen, als du tief schliefst und ruhig atmetest, legte ich mich ins Bett. Nur noch einmal in dieser Nacht wecktest du mich wegen einer panischen Sorge, die wir gemeinsam in die Schranken wiesen. Dass du anderntags wieder aufwachtest und dich so langsam wieder ein wenig erholen konntest, tat mir gut, trotz meiner nächtlichen Gedanken um deinen Tod.

Ich drängte dich zum Arztbesuch. Du verschobst ihn bis zum Montag der kommenden Woche. Du hattest noch Dinge zu erledigen. Du hattest noch keine Zeit, dem Arzt zu begegnen. So deute ich es heute.

6. SEPTEMBER 2012

Wir sprachen an diesem Morgen lange über die Gedanken und Gefühle der hinter uns liegenden Nacht. Die Dramatik des Erlebten konnten wir nicht mehr aus unseren Gedanken und Gefühlen streichen. Es wurde uns beiden klar, dass wir in eine neue Phase deiner Erkrankung eingetreten waren.

Diese Musik

SEPTEMBER 2012

Am Montag in der zweiten Septemberwoche entschließt du dich endlich, deinen Urologen aufzusuchen. Ich begleite dich. Während ich den Wagen parke, gehst du schon an deinem Rollator in die Praxis.

Es ist anderthalb Jahre her, seit ich den Arzt bei einem gemeinsamen Besuch kennengelernt habe. Du magst ihn und traust ihm. Nun sitzen wir beide wieder ihm gegenüber an seinem Schreibtisch, und du erzählst von deinem Befinden. Ich greife relativ schnell ein: »Meines Erachtens braucht mein Mann einen Palliativmediziner.« Ich betone ausdrücklich, dass ich eurer guten Beziehung mit Respekt begegne. Dennoch erachte ich mehr als den urologischen Blickwinkel für wichtig. Hinzu kommt die sehr negative Erfahrung mit dem ärztlichen Rat des Schmerzmediziners zur Dosierung der Morphine. Mir ist deutlich geworden, dass ein Schmerzmediziner nicht zwangsläufig palliativmedizinische Kenntnisse hat. Eine meiner Kolleginnen, die auch Trauerbegleiterin für Kinder ist, hatte mir die Adresse einer Palliativmedizinerin gegeben. Dein Arzt versucht nun, diese zu erreichen. Zugleich schickt er dich ins Labor zur Blutkontrolle und trifft mich dort vor der Zimmertüre an. Es ist auf einmal diese Situation der Ernsthaftigkeit zwischen Arzt und Angehörigem – hinter dem Rücken des Patienten. Ich mag solche Situationen nicht, wenn sie mir im Film begegnen. Jetzt aber bin ich dankbar dafür, weil ich meiner Einschätzung, dass du nicht mehr lange leben wirst, endlich ungeschminkt und klar Ausdruck verleihen kann.

Wir – er und ich – sind uns einig, dass es dir sehr schlecht geht. »Aber Ihr Mann hat so häufig Einbrüche gehabt und sich doch immer wieder stabilisiert«, sagt der mitfühlende Doktor. Mir scheint, er spricht sich diese Hoffnung selbst zu und spricht gleichzeitig mich damit an. Da die empfohlene Palliativmedizinerin im Urlaub ist, recherchiert der Urologe und findet einen Internisten, der als Hausarzt und als Palliativmediziner tätig ist. Später erfahren wir auch von dessen schauspielerischen Aktionen an der hiesigen Waldbühne. Im Sommer nach deinem Tod habe ich ihn dort spielen sehen. Dieser Dr. K. ist bereit, am kommenden Mittwoch einen Hausbesuch bei uns zu machen.

Ich atme tief durch und bin zunächst erleichtert. Dein Allgemeinzustand hat sich in den letzten Tagen so rasend schnell verschlechtert, dass ich mir kaum vorstellen kann, wie du die nächsten Tage überleben wirst. Ja, du bist heute – unglaublicherweise – auf deinen eigenen Füßen mit dem Rollator in die Praxis spaziert. Und trotzdem: Schaffst du es bis Mittwoch? Schaffen wir es bis Mittwoch?

Als wir wieder daheim sind, bist du restlos am Ende jeder Kraft. Die weiter hoch dosierten Morphine haben zumindest zur Folge, dass du keine Schmerzen mehr in deinen Lenden hast und somit endlich wieder im Bett liegen kannst. Da mein Bett eine weichere Matratze hat, legst du dich dort hinein und stehst für den Rest des Tages nicht mehr auf.

10. SEPTEMBER 2012

Damit du dich entspannen kannst, suche ich nach einer von dir geliebten Musik und lege die CD von Murray Perahia ein. Es sind die Bach-Partitas.[12] *Als die ersten Töne erklingen, fließen dir die Tränen: »Diese Stücke habe ich für meine Beerdigung ausgesucht.«*

Es trifft mich wie ein heftiger Schlag. Ich schalte die Musik aus und nehme dich in die Arme. »Das konnte ich nicht wissen«, sage ich zu meiner Verteidigung. Ich wollte dir Gutes tun. Stattdessen brachte ich die Todes- und Endzeitgedanken mitten hinein in diese sowieso schon zersplitternden Zeiten. »Ich weiß, dass du einige Gedanken zu deiner Beerdigung aufgeschrieben hast. Zeig sie mir, damit ich dich nicht wieder in ähnliche Situationen bringe«, bitte ich dich, nachdem du dich wieder gefangen hast.

Du hast deine Gedanken unter dem Stichwort:»Projekt Abschied« im PC gespeichert. Ich drucke sie dir in den nächsten Stunden aus. Du willst daran weiterarbeiten. Seit diesem Montag hast du dein Bett nicht mehr verlassen. Diese Musik hast du nie wieder gehört. Und für mich erklang sie erst wieder in der Trauerhalle, als die Trauergäste kamen und ich sie an der Tür begrüßte.

An diesem denkwürdigen Montagabend rief meine Schwester J. an. Sie teilte mir mit, dass unser Vater im Keller gestürzt sei und nun mit einem Oberschenkelhalsbruch im Krankenhaus liege. Spontan redete ich innerlich mit meinem nicht anwesenden Vater: »So, Papa, du brichst dir den Oberschenkelhals. Damit fällst du für mich aus. So umgehst du die Teilnahme an Klaus' Beerdigung. Du lässt mich allein.« Ich fühlte mich tatsächlich von meinem Vater im Stich gelassen. Und ich fühlte mich aus dem Familiengeschehen ausgeschlossen. Wie sollte ich mit meiner Mutter und meinen Geschwistern für Vater da sein, wo ich doch gerade an deinem Bett festhing und dort auch bleiben wollte? Zugleich entschuldigte ich Papa damit, dass er keine weiteren Tode in der Familie würde verkraften können. Das Sterben seiner jüngsten Tochter – ein Jahr zuvor – hatte ihm heftig zugesetzt. Ich hatte den Eindruck, dass er sich davon nicht erholen konnte.

Am Sonntag, einen Tag vorher, hatte ich noch mit meinem Vater telefoniert. Er hatte gejammert, dass ihm die Hüfte wehtue. Mein Trost war nicht gerade empathisch ausgefallen: »Papa, du bist 87 Jahre alt. Dass deine Knochen langsam verbraucht sind, ist doch nicht neu.« Ich hatte Papa auch erzählt, dass es dir gar nicht gut gehe. Ich hatte schon in einem Brief ein paar Tage zuvor von meinen Abschiedsgedanken an meine Eltern geschrieben. In diesem letzten Telefonat hatte Papa auf meine Sorgen zu deinem Gesundheitszustand gar nicht mehr reagiert. Ich hielt diese Situation, in der Vater sich befand, nicht für dramatisch, hoffte nur, dass er nach der entsprechenden Operation schnell wieder auf die Beine kommen würde. »Meine Sorge gilt dir.« Mit diesen Gedanken war ich wieder bei uns.

Wir beide verbrachten jetzt viel Zeit im Bett. Ich saß häufig neben dir. Am Dienstag rief ich deinen Neffen an und bat ihn, seiner Mutter mitzuteilen, dass es dir nicht gut gehe. Sie und dein Schwager waren auf einer Nordseeinsel im Urlaub. Ich war unsicher, ob sie zurückrufen sollten. So überließ ich es den beiden, selbst zu entscheiden.

12. SEPTEMBER 2012

Wir beide sitzen nebeneinander im Bett. Es ist Vormittag. Rechtzeitig zu meinem heutigen Namenstag kommt das Päckchen mit der Uhr, die du mir schenken wolltest. Es interessiert dich kaum. Außerdem öffne ich einen Brief meiner Mutter. Mutter macht gerne kleine Geschenke. Ich finde im Brief die gepresste Herbstaster – meine Namens- und Geburtstagsblume – und ein umhäkeltes Spitzentaschentuch. Seltsam, ein Taschentuch in den Händen zu halten an diesem Tag. Es wird mein Tränentuch, denke ich, und lege es eigenartig berührt zur Seite. Du bittest mich um einige Bücher und bastelst an deiner Trauerfeier.

Namenstage sind bei uns immer noch Feiertage. Aber heute steht dieser Feiertag hinter dem zurück, was für dich Vorrang hat: deine Abschiedsfeier. Ich schlucke meine Traurigkeit, die den ganzen Vormittag immer mal wieder aufsteigt, hinunter. Ich bin deine Assistentin.

Mittags sollte der Palliativmediziner kommen. Ich war sehr gespannt auf seinen Besuch und seine Einschätzung der Situation. Als ich die Tür öffnete, stand ein wirklich großer Mann mit seiner Arzttasche davor und begleitete mich sofort nach oben. Ich hatte ihm einen Stuhl hingestellt. Immerhin hast du mal in der Krankenpflegeschule Psychologie unterrichtet, und du achtetest sehr darauf, wie sich Arzt, Pflegepersonal und Kranke begegneten. Wie Mutter schon früher dem Arzt für den Hausbesuch ein frisches Handtuch ans Waschbecken gelegt hatte, so fand Dr. K. auch eines vor.

Er begrüßte dich. Er setzte sich zu dir und hörte sich an, was du zu erzählen hattest. Sichtlich erschüttert hörte er vom »Freibrief« des Schmerzmediziners hinsichtlich deiner Morphinmedikation, befreite dich zunächst von einem Pflaster und ordnete die Medikation neu. Ich fragte ihn nach seiner Einschätzung deines Zustandes.

Wir waren uns sicher, dass dir nicht mehr viel Lebenszeit bleiben würde, und wollten diese Zeit entsprechend gestalten. »Ja, Sie befinden sich auf Ihrer letzten Reise«, sagte der Arzt. Das war deutlich. Doch es erschreckte mich nicht. Ich war dankbar für Klarheit. Auch du wirktest nicht so, als habe er dich mit dieser ungeschminkten Aussage erschüttert.

Morgens hatte es ein Telefonat mit der Uniklinik Münster gegeben, wobei man dir anbot, in ein weiteres Härtefallprojekt mit einem noch nicht zugelassenen Medikament einsteigen zu können. Du erzähltest dem Arzt davon. In deinem jetzigen Zustand wärst du nicht in der Lage, daran teilzunehmen, sagte er. Es stelle sich auch die Frage, ob du die verbleibende Kraft nicht besser in deinen Abschied stecken wolltest. Ein Dilemma war das. Aber die Richtung war deinem gefühlten Zustand entsprechend klar: Kraft in den Abschied stecken.

Im Verlauf des Gespräches fragte Dr. K. dann, ob wir schon über einen Hospizaufenthalt nachgedacht hätten. Wir erklärten ihm, dass wir gemeinsam beschlossen hätten – auch aufgrund unserer Nur-Zweisamkeit und ohne die Familie in der Nähe –, für die letzte Lebensphase ins Hospiz zu ziehen. »Es ist mir wichtig, entlastet zu werden. Ich sehe, dass meine Frau damit überfordert wäre, mich allein daheim zu pflegen«, sagtest du. Dafür bin ich dir heute noch dankbar. Ich konnte meine Befürchtung benennen, nicht genug Kraft zu haben, um Tag und Nacht für dich zu sorgen, und zugleich den Wunsch äußern, mit und bei dir zu sein. Der Arzt malte uns ein Bild von »letzten Tagen«, in denen ich frei sein konnte von steter Verantwortung und Fürsorge für dich, frei für eine noch schöne gemeinsame Zeit.

Aber es gab einen Wermutstropfen. Er sagte, dass es etwa 14 Tage dauern könne, bis wir einen Platz im Hospiz bekommen würden. Er selbst werde sich dafür einsetzen, dass es möglichst schnell eine Aufnahme gebe, machte uns aber keine allzu großen Hoffnungen darauf.

Nach seinem Besuch waren wir beide sehr ruhig. Du mochtest den Doktor sofort sehr. Er hatte dich auf deiner intellektuellen Ebene erreicht. Das war ein Segen, mein lieber kluger Ewiger! Als am Abend dein Freund H. anrief, um mir zu meinem Namenstag Glück zu wünschen, gab ich den Hörer schnell an dich weiter, und du erzähltest ihm, was der Arzt gesagt hatte: »Sie treten Ihre letzte Reise an.« War es genau dieser Wortlaut? Es ist nicht wichtig. Wichtig war die Botschaft darin. Sie hatte nichts Erschreckendes an diesem Tag. H. verabredete mit uns einen Besuch am kommenden Samstag.

Spät am Nachmittag kamen noch deine Schwester und dein Schwager, die ihren Urlaub beunruhigt abgebrochen hatten und sich von deinem Gesundheitszustand selbst ein Bild machen wollten. Da wir noch in der Woche zuvor von unserem schönen Möhnesee-Ausflug geschwärmt hatten, waren beide eher erschrocken über die Dramatik der Veränderung. Wir erzählten ihnen, wie die Tage verlaufen waren. Auch über das Arztgespräch und die Idee, so bald als möglich ins Hospiz umzuziehen, sprachen wir. Ich äußerte die Sorge, dass du, lieber Klaus, keine 14 Tage mehr leben würdest und wir somit nicht mehr ins Hospiz kämen.

Für mich war es ein Gefühl der Enttäuschung. Ich hatte wie Moses das Gelobte Land gesehen, es würde uns aber vermutlich vorenthalten. Es schmeckte schal! Heute denke ich daran, wie es weitergeht mit diesem biblischen Bild vom gelobten Land, in dem Milch und Honig fließen. Ja, das habe ich damals vom Hospiz erwartet. Ach, eigentlich habe ich für mich erwartet, entlastet zu werden von aller Verantwortung für die Medikation. Entlastung auch von jeder Verantwortung für dein physisches Wohlergehen: Kochen, Essen, Krankenpflege, all das. Ich wollte nur noch bei dir sein. Das Land, in dem Milch und Honig fließen ... welch ein schönes Bild! Du wurdest »in Milch gebadet« ... Weißt du noch, die »behutsamen Waschungen«? Aber davon später.

An diesem Mittwoch gab es noch ein Telefonat mit dramatischem Inhalt. Mein Vater war nach der gelungenen Operation ins Koma gefallen. Damit schien auch er seine letzte Reise zu beginnen. In uns gab es vor allem den Wunsch, er möge nicht als Pflegefall wieder aufwachen. Mein Vater war mir immer nah. Ich liebte ihn. Aber hier und heute war ich vor allem deine Ehefrau und du mein Geliebter. So musste und konnte ich Vaters Lebensgeschichte der Familie überlassen.

Morgen schon?

13. SEPTEMBER 2012

Das Telefon klingelt in der Mittagszeit. Der Doktor ruft an und erkundigt sich: »Wie geht es Ihrem Mann?« Ich erzähle von der ruhigen Nacht, der Schmerzfreiheit, der Wachheit am Vormittag, und dass du gerade schläfst. Ich bin glücklich über dein Befinden in der Nacht und heute. Es tut mir gut, dass der Arzt mich fragt, wie es mir gehe. Ich bin also auch wichtig in diesem Geschehen. Er sieht mich. Ich erzähle ihm, dass mir die Aussicht auf den Umzug ins Hospiz den Druck nehme, den ich in den letzten Tagen verspürt hatte.

Meine Freude über die Aussicht auf den Umzug weicht einem plötzlichen Erschrecken, als der Arzt sagt, er habe mit der Leitung des Hospizes gesprochen. Wir können schon morgen dort einziehen. »Ups, so schnell schon?«, sage ich. Er glaube, es werde uns beiden guttun, erklärt er mir. Er habe unser Miteinander und unser Einvernehmen wahrgenommen und wolle einfach, dass wir noch eine schöne entspannte Zeit miteinander hätten. »Sprechen Sie mit Ihrem Mann«, beauftragt er mich. »Vielleicht können Sie mir bis zum späten Nachmittag eine Zu- oder Absage erteilen, sodass ich dann noch mal mit der Hospizleitung sprechen kann.«

Du schläfst gerade. Ich bin wach. Ich bin überwach. Ich bin mit diesem Angebot allein. Das Telefon liegt in meiner Hand, als enthalte es dieses Angebot. Es wiegt schwer. Ich kann es gar nicht ablegen. Wie in einer handlichen Waagschale halte ich es, überlege in kurzer Zeit, was für die Annahme dieses Angebotes spricht. »Es kann 14 Tage dauern, bis Sie einen Platz bekommen«, höre ich noch die Stimme des Doktors am vorigen Nachmittag. »So lange überlebt Klaus nicht«, antworte ich mir selbst.

Wenn wir also jetzt nicht Ja sagen, dann bleibt der Traum vielleicht ein Traum. Wie sehr ich mir die Entlastung wünsche. Wie gerne ich umziehen möchte. Und wie unerträglich scheint mir doch dann ein Ja zu sein. Aus diesem Haus gehen, ein sichtbares Zeichen setzen dafür, dass wir nun wissen, dass dein Lebensende naht. Wahr sein lassen, was wahr ist. Wieso morgen schon? Handeln, ich möchte verhandeln. Aber der Doktor ist nicht mehr am Telefon. Das Gespräch mit dir steht an. Wenn du aufwachst, dann werde ich dir dieses Angebot unterbreiten. Müssen. Ich werde es müssen.

Ob du noch genauer sagen könntest, wie dann unser Gespräch verlaufen ist? Meine Erinnerung ist lückenhaft. Ich fühle mich wie der Überbringer schlechter Nachrichten, der versucht, sie zu garnieren, sie zu verschönern, sie zu verzieren. Aber die Nachricht ist zunächst – ohne Haut, nur Knochen, klar und roh: Morgen können wir umziehen – für immer!

Wird dir die verbleibende Zeit im Haus reichen, um dich zu verabschieden? Hier habe ich kein gesprochenes Wort von dir in Erinnerung. Ich kann abrufen, wie du im Bett sitzt. Ich kann abrufen, dass du mir irgendwann sagst: »Ja, wir sagen zu.« Ich kann abrufen, dass ich den Doktor informiere und ihm auch mitteile, wie schwer das ist, diese Zusage zu machen. Überall finden sich an diesem späten Nachmittag und Abend Gedankensplitter, die stechen, die verletzen, die wehtun: So bald schon – so bald – alles ist wirklich – alles ist wahr – so ist es nun – du stirbst bald – du musst das Haus verlassen – auf Nimmerwiedersehen – Ende – aus – vorbei – zusammen hin – allein zurück.

Aber es gelingt uns auch, diese Entscheidung dann zusammen zu tragen und einander Trost zu geben. Die stärksten Gedanken sind franziskanischer Art: aufgeben, was du nicht mehr zum Leben brauchst. Radikal! Unglaublich radikal ist das. Aufgeben, dieses Haus, dein Bett, deinen Schreibtisch, deine Bücher, den Weinkeller und den Garten, all das Materielle. Und viel mehr noch: alles, wofür diese Dinge stehen: Heimat, Geborgenheit, Schönheit, Leidenschaft, Lust am Leben, Lust am Denken und Formulieren und so vieles mehr. Aufgeben, abgeben, loslassen. Wie schwer das ist.

Ostertage

AUS DEINEN AUFZEICHNUNGEN OSTERN 2011

»Zu Ostern höre ich die Erzählungen der Passion und der Auferstehung viel dichter auf der Folie eigener Schmerzerfahrungen. Die Verbindungslinien – bislang schon immer stark – werden nochmals sensibler. Dabei springt mich förmlich in der Osterbotschaft eine Bemerkung an und pflanzt sich wie ein vielfaches Echo immer weiter durch die Tage: Sucht den Lebendigen nicht bei den Toten! Der Wunsch, den Toten zu ehren, ihm ein ehrendes Andenken zu bewahren, ihn zu salben, wird durch die Botschaft in ihre Schranken gewiesen. Er lebt! Deshalb wird man ihn suchen müssen und nicht einfach an vertrauter Stelle auf-suchen können. Es geht um Entdecken, Spuren finden und ihn darin erkennen. Er lebt, aber er ist anders da, als er vorher da war. Er ist derselbe und doch ein anderer. Jetzt kommt es darauf an, ihn in neuer Gestalt zu entdecken. Wenn er lebt, dann – so die Botschaft – werde ich auch leben. Dann geht es nicht darum, Trauer zu konservieren, sondern eine andere Form der Gegenwart zu erleben und zu suchen. Dadurch wird keine der Fragen beantwortet, *wie* man sich etwas vorzustellen habe. Aber es wird eine Richtung gewiesen. Das Leben liegt nicht in der Konserve, ein Abschied ist ein Abschied, aber *aus der Konserve* lässt sich *keine neue Perspektive* gewinnen. Er lebt! – Das ist die Setzung, alles andere ist suchen und finden, entdecken, neu formulieren, neu erkennen.«

OSTERN 2015

Es ist Emmaus-Tag, der dritte, den ich ohne dich begehe. Gestern bin ich um fünf Uhr mit den singenden Vögeln aufgestanden und durch den kalten, klaren Morgen zur Osterliturgie gefahren. Es tut gut, mit dem Osterlicht und den je eigenen kleinen Glaubenslichten die dunkle Kirche zu erhellen. Eintauchen in den Glauben der Vorfahren und die alten Geschichten hören. Sich erinnern, dass es auch unsere Geschichten sind, das ist es, das macht mich froh.

»Christus ist auferstanden!« – »Er ist wahrhaft auferstanden!« – Mit diesem ostkirchlichen Ruf hat mir C., unser Freund, frohe Ostern gewünscht. An die gestern gehörten drei alttestamentlichen Lesungen, den Paulusbrief und den Auferstehungsbericht aus dem Evangelium hänge ich in Gedanken deine Aufzeichnungen als weitere Ostergeschichte an. Wenn du auf der »Folie« der eigenen Schmerzerfahrungen damals die Osterbotschaft intensiver wahrgenommen hast, so ist meine Folie heute die Geschichte mit dir! Außerdem hat mich die gestrige Osterpredigt genau dort berührt, wo es ums »Finden« geht.[13]

SEPTEMBER 2012

Seit 14 Tagen sind wir nun Gäste im Hospiz. Wenn es dir möglich ist, arbeitest du an deiner Beisetzung. Dafür habe ich dir die gewünschten Bücher von daheim geholt, und du liest, verbindest, streichst. Vor allem der emeritierte Limburger Bischof Kamphaus scheint in seinem Buch »Gott ist kein Nostalgiker« genau das in Worte zu fassen, was deinen Gedanken entspricht.

Ebenso suchst du aus verschiedenen Büchern von Jörg Zink Textstellen heraus, die dein Verständnis von Passion, Sterben, Tod in Worte fassen. Du bittest mich, die Zitate zu übertragen. Dann gliederst du und fügst Musikstücke ein und schreibst per Hand eine Einführung. Wir diskutieren manche Passagen. Ich weise darauf hin, dass die Texte schwere Kost seien. Ich weise darauf hin, dass die Trauerfeier lange dauern wird, wenn man die Musikstücke dazunimmt. »Das«, sagst du, »darf so sein.«

Bei deiner Beisetzung möchtest du nicht selbst gewürdigt werden. Du möchtest von deinem Glauben künden. In deinen Aufzeichnungen schreibst du davon, dass dir die »Kanzel« fehle.

Später bei der Beerdigung werden einige Freunde dies auch benennen: »Danke für euer Glaubenszeugnis!«

In dieser Text- und Musikauswahl stecktest du mehr drin, als so mancher ahnte. Die, die dich näher oder gar gut kannten, erkannten dich in dieser Zusammenstellung.

Wir arbeiten insgesamt knapp fünf Wochen lang an diesem Projekt und durchleiden es auch. Wieder ist es deine Disziplin, die mich in Erstaunen versetzt. Noch sind wir am Anfang unseres Aufenthaltes hier. Du weißt, wie du dir deine Bestattung wünschst, aber du trägst schwer daran, dass du nicht weißt, wer diesem Projekt denn seine Stimme geben wird. Mit Freund H., der dich seit mehr als 40 Jahren kennt und zunächst dein Leben, später unser beider Leben begleitet hat, spreche ich über deine Not. Er selbst fühlt sich dazu nicht in der Lage. Aber er empfiehlt, C. zu fragen.

SAMSTAG, 29. SEPTEMBER 2012

In der Nacht ist ein Gast gestorben, den wir beide kennen. Er und seine Partnerin hatten uns eine inoffizielle Einführung ins Haus gegeben, und gemeinsam haben wir hin und wieder im Wintergarten oder auf der Terrasse gesessen. Einmal, als wir durch das große Fenster des Wintergartens in den Sturm hinausschauten, waren wir Zeugen, wie der Sturm die großen Müllcontainer vor sich hertrieb wie eine Herde Schafe. Ich erzähle dir vom Tod dieses Bekannten. Ich will mich von ihm verabschieden. Du willst mich begleiten.

Nun sitzt du in deinem Rollstuhl unterhalb des Bettes, in dem der Verstorbene liegt. Haben wir ihn nicht gestern noch im Wohnzimmer gesehen? Unfassbar. Er ist so schnell gestorben. Ich sehe den ersten Toten in diesem Haus und nicht den letzten. Du siehst den ersten Toten in diesem Haus und den einzigen.

Ich schaue auf den Toten und auf seine Partnerin. Und ich schaue zu dir hin und sehe, wie dein Gesicht steinhart wird. So maskiert man sich! So maskierst du dich. Ich bin sicher, es prägt sich alles ein, was du hier siehst, und du siehst dich an seiner statt dort liegen. So wird es auch bei dir sein. Reglos und starr wird deine Mimik in Sekundenschnelle. Doch da ist auch etwas Weiches. Sonderbar – diese Vermischung. Mir scheint, ein Schrei ist ganz nah. »Herr, wie hält Klaus das aus?«, frage ich mich. Dass du nicht schreist, wünsche ich vor allem der überlebenden Frau wegen. Und ich wünsche es auch meinetwegen – ja, auch meinetwegen. Was kann ich ertragen? Was kann ich mittragen?

Du sitzt eine Weile dort. Du weinst! Und dann schiebe ich dich hinaus. Stumm sitzt du in deinem Zimmer.

Nach diesem Erleben nimmst du keine engen Kontakte mehr zu andern Gästen im Haus auf. »Hier wird so viel gestorben!«, sagst du später einmal zur Pfarrerin. Ja, natürlich! Warum verwundert dich das? Dies ist ein Haus zum Sterben. Im Angesicht dieses Toten wird dir offensichtlich die Nähe deines eigenen Todes massiv bewusst. Auf einmal wird es eng. Auf einmal scheinst du zu ahnen, dass auch dir die Zeit davonlaufen könnte. Du brauchst eine Antwort auf deine drängendste Frage: »Wer leitet meine Beisetzung?«

An diesem Nachmittag sitzt du in spürbar großer Not in deinem Sessel. C. ist gekommen und sitzt nah bei dir. Du schluckst. Du sammelst dich. Du ahnst, dass du von C. fast Unmögliches erbittest. C. ist dein Freund. Du erinnerst dich, dass er ein paar Jahre zuvor erzählt hat, mit wie viel emotionaler Beteiligung und hohem Kraftaufwand er einen anderen Freund beerdigt hat. Du bist dir nicht sicher, was C. antworten wird. Mühsam wird deine Frage geboren. »Kannst du dir vorstellen, meine Bestattung zu leiten?«

In dem Maße, wie deine Anfrage bei C. ankommt, wird er fast starr vor Entsetzen. Es sind nur wenige Augenblicke, bis er antwortet, aber mir scheint es eine Ewigkeit zu sein, bis er Worte findet. Es ist kein: »Natürlich mache ich das für dich!«

MAI 2012

Ein halbes Jahr zuvor sind wir in deiner ehemaligen Gemeinde zum Jubiläum eingeladen, und es fällt dir sichtlich schwer, den Gottesdienst auszuhalten, aber nicht aufgrund deiner körperlichen Konstitution. »Ich habe förmlich gespürt, wie dort kein Platz mehr ist für mich und wie wir uns insgesamt mit allen anderen aus der früheren Zeit verabschiedet und abgeseilt haben...«[14], schreibst du in deinen Aufzeichnungen. Nach diesem Erlebnis wird dir klar, dass du deine Beerdigung und vor allem die Auslegung dessen, was Sterben – Tod – Auferstehung für dich bedeuten, niemandem überlassen kannst und willst, der es nicht ganz in deinem Sinne tut. Auch sagst du mir, es sei unredlich, wenn für dich ein »Seelenamt« gefeiert würde. Wir beide hatten aufgrund unserer Geschichte eine große Distanz zur Kirche entwickelt und waren dort in den vergangenen Jahrzehnten selten Gäste und Mitfeiernde gewesen. »Immer wieder denke ich über ein ›Schlusswort‹ nach, in dem ich meine Sichtweisen zusammenfassen möchte«, schreibst du in deinen Aufzeichnungen. »Es wird darin auf jeden Fall von der Dankbarkeit die Rede sein, die ich für mein Leben insgesamt empfinde. Es sollen aber auch Interpretationen aus der Sicht des Glaubens darin enthalten sein, wie ich ihn jetzt verstehe. Allmählich fügt sich etwas zusammen, was ich dann festhalten möchte.«[15] Im Nachgang der letzten wichtigen Phase deines Lebens, der alles entscheidenden Situation, wolltest du deinen Glauben mitteilen, den Glauben, der angesichts von Krankheit und Sterben seine Bewährungsprobe zu bestehen hatte. Der, der für dich sprechen würde, der quasi deine Stimme sein würde, müsste einer sein, der diesen Glauben teilt. Gerade, weil du die Jahre des Abschiednehmens und auch das Sterben schon so lange durchlebt und durchlitten hattest, weil an dieser konkreten Situation dein Glaube auf dem Prüfstand stand, war es dir wichtig, dies mitzuteilen.

Du konntest es nicht irgendwem überlassen. So viel Gelassenheit hattest du nicht. Der Glaube und seine Verkündigung waren dir stets wichtig gewesen. Du musstest ihn in diesen Zeiten für dich wahr-nehmen und wahr-sein-lassen können. Was letztendlich den Ausschlag für C.s Ja gegeben hat, war wohl der Gedanke, irgendwann auch für seine eigene Beerdigung die Texte vorgeben zu wollen. So hat er sein Ja auch begründet.

SAMSTAGNACHMITTAG, 29. SEPTEMBER 2012

»Ja«, sagt C., »ich leite deine Bestattung.«

Ich sehe die Last von dir abfallen, und zugleich sehe ich, wie sie dein Freund schultert. Ich bin mit dir erleichtert und leide gleichzeitig mit C. Ich fühle mich nun verpflichtet, die Last mit ihm zu teilen. Aber ich bin mir meiner eigenen Kraft so wenig sicher. Ich kann ihm nicht verbindlich zusagen, dass ich ihn unterstützen kann, wenn du beerdigt wirst. Würde ich Stimme haben an diesem Tag?

Ich suche nach Lösungen.

Du bittest später deinen Schwager, die Musikeinspielungen zu übernehmen. Ein anderer Freund und seine Frau, sein Sohn und meine Schwester werden dann neben C. weitere Texte lesen.

Nach dieser Klärung des »Wer?« brachten wir die gesamte »Trauerfeier« in Form, gestalteten ein Programmblatt, und ich bekam auf Nachfrage sogar die Nutzungsrechte für das Bild »Ungläubiger Thomas«[16]. Ich habe es als Foto auf der Titelseite des Programmblattes verwendet. Du wähltest zwei Bibelzitate, die diesem Deckblatt zugefügt wurden:

»Glaubend gehen wir unseren Weg, nicht schauend« (2. Korintherbrief 5,7). Hier handelte es sich um deinen Primiz-Spruch. Und: »Jetzt erkenne ich unvollkommen, dann aber werde ich durch und durch erkennen, so wie auch ich durch und durch erkannt worden bin« (1. Korintherbrief 13,12). Dieses Zitat sollte das Leitwort zur Beisetzung sein. Beide Zitate begleiten mich weiterhin.

Weißt du eigentlich, wie sehr mich dieses Projekt auch durch die Zeiten im Hospiz getragen hat und bis heute trägt? Je mehr ich all das in Form brachte, was du dir, mit weiterhin wachem Verstand, wie eine Quintessenz deines Lebens aussuchtest und zu einem harmonischen Ganzen verbandest, je mehr du auch meine Einwände und Veränderungsgedanken aufnahmst und es auch verbal von »meinem Projekt« zu »unserem Projekt« machtest, umso mehr fühlte ich mich dir nahe. Nachdem das Projekt stand, fiel die Anspannung von dir ab, und es trat zunehmend Gelassenheit in die Tage und Wochen, die wir dann noch zusammenlebten.

Noch als ein Jahr zuvor meine Schwester gestorben war, hatte es hunderttausend Fragen in mir und in uns gegeben. Nun waren diese festgeschriebenen Worte unser tragender Grund. »...Dadurch wird keine der Fragen beantwortet, wie man sich etwas vorzustellen habe. Aber es wird eine Richtung gewiesen.« So hattest du es formuliert. Und es reichte mir. Es reicht mir bis heute als Fundament.

OSTERN 2015

Wenn ich mir jetzt mein »Ostermahl« zubereite und einen »Eberbacher Weißwein« genieße, der mich an schöne Zeiten mit dir im Rheingau erinnert, fühle ich mich dir verbunden und feiere Ostern. Ich lege die CD L'Amour et la Mort von Iveta Apkalna auf und höre die *Toccata* aus der fünften Orgelsinfonie von Charles-Marie Widor. Diese Musik ist eine, die ich mir wieder»holen« will. Sie gehört zu den »verbrannten Musikstücken«, wie mein Schwager alle Lieder und Musikstücke bezeichnet, die in einem besonderen Zusammenhang gesungen oder gespielt werden. Sie sind für den Hörer, der in diesen Zusammenhängen anwesend war, besetzt. Er nennt es »verbrannt«, und ich kann dieses Wort nur unterstreichen. Du hattest diese Fassung der Toccata gewünscht, weil du Iveta Apkalna im Radio gehört hattest und das Thema der CD L'Amour et la Mort dir gefallen hatte. Die Liebe und der Tod!

Aber das Wiederholen ist nicht so leicht. Beim Hören stockt mir einen Moment lang der Atem. Es ist das Stück, das du zum Auszug aus der Kapelle zum Grab ausgesucht hattest. Ein Triumphmarsch.

Ich sehe den hellen Sarg, in den drei Tage zuvor dein Leichnam gelegt wurde, und spüre, dass ich erleichtert bin, als ich diese Toccata höre. »Unser Projekt« ist gut beendet. Deine und meine Glaubensgedanken sind ausgedrückt worden vor mehr als hundert Menschen, die dich und mich auf diesem letzten Weg begleiten. Es ist vollbracht!

PFINGSTEN 2015

In der Pauluskirche steht das Zelt der Vielfalt, ein aus mehr als 1000 bunten Quadraten zusammengenähtes Zelt der Begegnung, das wir in einem kleinen Team über die Pfingsttage dort aufgestellt haben. Rundherum gibt es Aktionen. Ich bin Zuhörerin in einem Orgelkonzert. Zum Abschluss spielt der Organist die Toccata. Wie schön ist es doch, dass diese Melodien mich mit dir verbinden. Ich sitze da und weine und nehme einfach diese Musik als Gruß aus deiner Welt, auch wenn sie nicht von dir kommt. Hier habe ich an einem Projekt in der Kirche mitgewirkt, und das Orgelstück ist wie eine Bestätigung für mich: »Du machst alles richtig.« Bist du stolz auf mich? Ja, ich möchte, dass du dich an mir und meinem Leben und meinen Aktionen freust. Ja, genau das wünsche ich mir, wenn ich dir sage: »Schau her, ich lebe, und ich lebe erfüllt.«

Vater

SEPTEMBER 2012

Mein Vater liegt nach seinem Treppensturz – trotz gelungener OP – im Koma. Es sieht nicht so aus, als werde er noch einmal wach. Eher steht auch für ihn der Abschied an.

»Du musst dich von deinem Vater verabschieden. Du tust es für ihn und du tust es für dich! Und deine Familie braucht dich und du brauchst deine Familie, vor allem auch dann, wenn ich gestorben bin. Fahr hin!«, drängst du mich. Ich will Papa gerne noch einmal sehen, aber ich hätte keine Ruhe, wenn ich von dir fortfahren würde. Ich will dich nicht verlassen. *»Was ist, wenn du stirbst, während ich mich von ihm verabschiede?«* Ich bin in Entscheidungsnot. *»Fahr hin!«, sagst du noch einmal sehr bestimmt.* Am Telefon spreche ich mit meiner älteren Schwester R. »Wir holen dich ab und wir bringen dich zurück!«, bietet sie mir an.

Später erfahre ich, dass sich die Geschwister alle bei ihr getroffen und überlegt haben, wie sie es mir ermöglichen können, unserem Vater noch einmal lebend zu begegnen. Sie ahnten, dass ich keine sichere Fahrerin sein würde, wenn ich unter den gegebenen Umständen die über 100 Kilometer allein ins Sauerland gefahren wäre. So organisierten sie einen Hol-und-Bring-Service für mich.

18. SEPTEMBER 2012

Zur verabredeten Zeit holt mich mein Schwager ab. Zeitgleich kommt deine Schwester, um bei dir zu sein. Großartig, diese Familie. Seit dem Tod unserer jüngsten Schwester E. im Sommer 2011 sind wir noch näher zusammengerückt. Ich hatte damals an E. geschrieben: »Du hast uns erlaubt, in eine Beziehung und Nähe eintreten zu dürfen, hinter die wir alle nicht mehr zurückkommen. Seit du krank bist, E., lebt unsere Familie ein sehr intensives Miteinander. Es war schon immer eine große Nähe zwischen uns allen, aber nun ist es größer... Man darf von den Menschen größer denken – hast du mich gelehrt.«

In dieser Zeit um Vaters Sterben und in der gesamten Zeit deiner Erkrankung, Klaus, besonders dann noch einmal während unseres Aufenthaltes im Hospiz, waren meine und deine Familie zuverlässig für uns da.

Zwei Tage nach meinem Besuch im Krankenhaus stirbt mein Vater. Ich hatte gebeten, mich gleich zu informieren. Gegen 22 Uhr ruft R. an. Wir sind dankbar dafür, dass Papa nicht als Pflegefall aus dem Koma erwacht ist. Wir sind traurig, dass er so schnell gegangen ist.

Ich gehe am Morgen nach Papas Tod, bevor der Tag richtig anfängt, im Morgenrock über dem Nachthemd in den Hospizgarten. Der Tag ist freundlich und klar. Ich finde einen Apfel, der vom Baum gefallen ist, und muss lächeln. Mein Vater war der »Apfel-Mann«. Ich nehme den Apfel mit in unser Zimmer.

Eine ganze Reihe Apfelbäume hatte Vater im Garten, und immer hat er viele Äpfel geerntet. Dennoch kaufte er Äpfel dazu. Es gab eingekochte Äpfel, Apfelmus, eingekellerte Äpfel, Apfelschnitze. Und es gab zu seiner Beerdigung von uns Kindern einen Kranz, der über und über mit den kleinen Äpfeln aus seinem Garten geschmückt war.

18. SEPTEMBER 2012

Als ich mich von meinem Vater im Krankenhaus auf der Intensivstation verabschieden wollte, wurde ich – trotz Absprache – nicht zu ihm gelassen. Zunächst durften mein Schwager und ich nur in den Wartebereich. Auch meine Mutter und meine Schwester waren gekommen. So gingen wir zusammen in die Cafeteria, bis wir endlich zu Vater geführt wurden. Schwester und Schwager blieben draußen, Mutter und ich gingen zu ihm hinein.

Da lag mein Vater.

Er regte sich nicht.

Ich dachte an Dorothee Sölles Brief an Mr. Death, in dem sie ihre Angst vor der Apparate-Medizin formuliert: »Ich habe keine Angst vor Ihnen, Mr. Death, eher Angst vor den vielen Schläuchen und Leitungen im Krankenhaus... Was ich fürchte, ist das Alleingelassenwerden, wenn mein Lach- und Weine-Partner von mir fortmuss.«[17]

Irgendwo in meinen Erinnerungen tauchte der Gedanke auf, dass man nicht weiß, was Menschen im Koma noch wahrnehmen. So nahm ich seine Hand, die ganz aufgedunsen war, und erzählte ihm davon, wie froh ich sei, ihn zum Vater zu haben. Ich berichtete von dir, meinem Liebsten, und davon, dass du dankbar seist, in unsere Familie aufgenommen worden zu sein. Mutter saß an Vaters Bett und konnte so gar nicht mit ihm sprechen. Wie sollte sie auch? Der Raum war laut, und nebenan lag ein frisch operierter wacher Patient, der jedes Wort mithören konnte. Wie sollte sich Mutter von Vater verabschieden können? Wie sollte sie ihm sagen, was in die Verschwiegenheit eines Ortes gehört, den nur die beiden teilen konnten? Wie sollte sie laut werden? Wie klagen, wie schreien, wie ihm Liebesworte sagen und wie ihm Vorwürfe machen? Wie sollte sie ihn um Verzeihung bitten für das, was sie einander schuldig geblieben waren? Und wie sollte sie ihm dankbare Worte zuflüstern für jedes Glück von mehr als 58 Ehejahren? Hier hatte sie keinen Raum dafür. Ich spürte, wie der Zorn in mir wuchs.

Die Ohren hinter den Wänden waren weit offen. Die Maschinen umgaben uns mit ihren dauerblinkenden Displays, mit ihren unangenehmen Geräuschen. Es gab keinerlei Privatsphäre. Mutter tat mir so leid. Sie war so plötzlich in diese Situation geworfen worden und saß nun da und wartete auf ein Wort von Vater.

Lionel Shriver schreibt, dass man vermuten müsse, »dass die meisten Trauernden auf ein letztes Wort verzichten mussten. Man musste vorliebnehmen mit den Jahren ihres Lebens, die einem die Toten stattdessen hinterließen.«[18] Aber auch die Jahre des Lebens, die einem die Sterbenden hinterlassen, kann man am Sterbebett ansprechen. Nur, wie soll das gehen, wenn man nicht allein mit dem Sterbenden sein kann?

Ich war traurig über diesen Zustand meines Vaters und spürte doch, dass ich nur wenig in die Tiefe der Trauer fand. Meine Trauergefühle waren gebunden und gebündelt bei dir. Ich war so erleichtert, dass wir im Hospiz waren, wenn ich Vaters Situation auf der Intensivstation mit der deinen verglich. Aber eben dieser Vergleich führte zu meiner wachsenden Empörung. Vielleicht war es ja die andere Seite der Trauer, die da wach wurde. Jedenfalls spürte ich, dass mir Kräfte zuwuchsen, die ich zuvor gar nicht geahnt hatte. So konnten, so durften sich meine Eltern nicht voneinander verabschieden müssen. So nicht!

Schon die Abweisung, mit der mir der Pfleger begegnet war, als ich mit dem Schwager die Intensivstation betreten hatte, hatte Zorn und Wut in mir geweckt. Und schon da war ich dem Pfleger gegenüber verbal höchst aggressiv. Ich kenne das an mir, dass ich in solchen von Wut gesteuerten Situationen sehr treffend und scharf formulieren kann. Zudem fühlte ich mich in dieser Situation schon fast wie eine Fachfrau, die alles besser weiß, weil sie aus einer Situation direkt hierhergekommen war, in der das Abschiednehmen gelebt werden durfte – rund um die Uhr – ohne jede Einschränkung. Ich forderte, dass dieser Mann, mein Vater, der zeitlebens nicht gern allein gewesen war, nie allein sein dürfe. Zumindest müsste er Besuch empfangen können, wann immer jemand kommen könne. Ich forderte, dass es für ihn keine festgeschriebenen Besuchszeiten geben dürfe. Und nicht nur für ihn. Dies sei doch ein christliches Haus, fügte ich noch hinzu, und ich würde mir die Frage stellen, ob man hier dem christlichen Menschenbild entsprechend handle. Die Sterbephase sei eine so wichtige Zeit für die, die Abschied nehmen und sterben. Ebenso für die, die nach dem Abschied ohne den anderen weiterleben müssten. Und ich verwies auf muslimische Mitbürger, die darum wissen, wie wichtig die Nähe der Familie für Kranke und Sterbende ist, und daher immerzu und mit vielen Personen Besuche machen würden.

Ich wusste sehr genau, dass man in vielen Krankenhäusern über die vielen Besucher an den Betten derer, die aus anderen Kulturkreisen stammen, nicht gerade erfreut ist. Ich ahnte, dass ich damit provozierte, und sagte es trotzdem. Ich fand aber, das sei das einzig richtige Handeln, für die, die in größeren Familienzusammenhängen leben. Nein, für mich selbst wäre es das nicht. Ich liebe es, allein zu sein. Und natürlich war es mir bewusst, dass auch Ruhephasen und gutes Timing hilfreich für Kranke sind. Ich hatte mit meinen Worten den Pfleger herausgefordert, und er erwiderte scharf, dann könne ich ja konvertieren, wenn ich das alles so gut fände. Besuche, sagte er mir, störten den üblichen Ablauf. Einzig der Hinweis darauf, dass ich bei der Visite wegen des Bettnachbarn nicht anwesend sein dürfe, war mir einsichtig.

Am Abend schrieb ich eine Mail an die Krankenhausverwaltung, und auch meine Schwestern suchten das Gespräch mit den Ärzten. Für unseren Vater erreichten wir dann, dass er von der Intensivstation in ein Einzelzimmer verlegt wurde, wo er im Beisein unserer Mutter und dreier seiner Kinder sterben konnte. Hier war zumindest die Möglichkeit gegeben, dass auch Mutter sich verabschieden konnte.

25. SEPTEMBER 2012

Unser Vater wurde an meinem Geburtstag begraben. Ich wurde an diesem Tag 57 Jahre alt. Du sagtest an diesem Morgen, dass du mir nicht zum Geburtstag gratulieren könntest. Das tat mir weh, und doch verstand ich dich. Schwester B. brachte mir eine Karte und eine Geburtstagskerze. Ich sagte, dass mein neues Lebensjahr nicht schön beginne, dass ich ja wisse, was mich erwarte. Sie erwiderte: »Du weißt nur ein bisschen, aber längst nicht alles, was kommen wird.«

Du, Klaus, hast meiner Mutter einen Beileidsbrief geschrieben, den sie immer noch hütet wie einen kostbaren Schatz. Darin nanntest du meinen Vater einen der »weisen alten Männer«, der im Alter nicht hart geworden sei, sondern sich immer der Not der Menschen angenommen habe. Es waren Worte wie »Weichheit« gegenüber der Not anderer, »Herzlichkeit«, »Emotionalität« und »Freigebigkeit«, die du gewählt hattest. Es war eine wunderbare Hommage an Vater.

Während ich im Sauerland zur Beerdigung war, diesmal von meinem Münsteraner Bruder und seiner Familie mitgenommen – gedachtest du mit deiner Schwester im Raum der Stille meines Vaters und sprachst das Gebet, das so sehr zu deinem Abschiedsgebet geworden ist:

Herr, ich habe deine Güte gesehen

… Ich denke zurück, Herr,
an alle die vielen Jahre.
Mein Werk ist vergangen,
meine Träume sind verflogen,
aber du bleibst.
Lass mich nun im Frieden aufstehen
und heimkehren zu dir,
denn ich habe deine Güte gesehen.[19]

In diesen ersten Tagen im Hospiz rund um Vaters Tod warst du mir Trost. Du hast meine Trauer mit mir getragen und warst selbst traurig, denn du mochtest Vater sehr. Auf Vaters Sterbebild stand die erste Strophe des Liedes: »Ich steh vor dir mit leeren Händen, Herr.«[20] Es war Vaters Lieblingslied. »Der Opa war kein Zweifler«, sagte daraufhin einer seiner Enkel. Doch – wäre das so unerträglich? Sein Opa, mein Vater, war ein Gläubiger, aber ein kritischer Gläubiger und kein Leichtgläubiger. »Wie muss man sich das vorstellen, wo sie jetzt ist?«, hat er mich oft gefragt nach dem Tod seiner jüngsten Tochter, meiner Schwester E. Wenn er betete: »Gott, gib unserer Tochter die ewige Ruhe«, dann provozierte er damit stets das Aufbegehren unserer Mutter. »Kannst du sie dir vorstellen als eine, die ewige Ruhe haben will? Unsere Tochter hat nie die Hände in den Schoß gelegt. Eher stelle ich sie mir vor, wie sie dort Schnitzel zubereitet.«

Vater fand Trost in den Texten und Gebeten und in der Liturgie. Nein, er war nicht ungläubig. Aber Zweifel zeichneten ihn doch auch aus als jemanden, der fragt, der hinterfragt, der wissen will. Vielleicht war Vater ein Thomas? »Ich steh vor dir mit leeren Händen, Herr.« Dass er dieses Lied als Lieblingslied sang – Mutter sagte, er habe es in den letzten Wochen so häufig auch daheim gesungen, dass sie ihm manches Mal gesagt habe: »Nicht schon wieder dieses Lied!« –, machte ihn so sympathisch.

Du, Klaus, sagtest, genau diese Haltung habest du an ihm geschätzt. Warum sollte ein kluger Mensch, wie er es doch war, denn nicht hinterfragen, was man ihm erzählt? Warum sollte er denn nicht seinen Glauben messen an dem, was er erkennt und begreift? Warum sollte er, der christlich-kirchliche Mann, der dennoch nicht uneingeschränkt den kirchlichen Lehren recht gab, diesen Glauben und auch seinen Zweifel – in aller Vorsicht, die ihm da eigen war – nicht auch ausdrücken? Warum sollte er, der in seinem langen Leben erlebt hat, wie sehr sich gläubiges und kirchliches Leben verändert, nicht auch Brüche und Risse zugeben, die diese Erfahrungen seinem Glauben zugefügt haben? Und er sang auch die letzte Strophe dieses Lieds von Huub Oosterhuis, die in der ihm bekannten Übersetzung endet: »Du bist mein Atem, wenn ich zu dir bete.«[21] Bekenntnis des Zweifelnden. Mein Vater hatte keinen Kleinkinderglauben mehr, als er starb. Er war ein erwachsener Gläubiger. Darauf bin ich stolz.

Wie, Klaus, war es für dich, dass er vor dir starb und du mich trösten musstest? Wie war es für dich, dass ich mir Trauerkleidung anzog und zu Vaters Beerdigung fuhr? Sahst du mich vor dir, wie ich bei deiner Beerdigung aussehen würde?

Todgeweiht

APRIL 2015

Unmerklich, jeden Tag ein wenig mehr, spüre ich ein großes Rückzugsbedürfnis. Traurigkeit legt sich Haut für Haut um mich und schließt mich ein. Es ist Frühling. Ich bin unterwegs, komme von deinem Grab. Dort wächst ein ganzer Hang voller Veilchen. Hier am Straßenrand blüht in protziger Fülle der Löwenzahn, und kleine weiße Blüten überziehen die Schwarzdornhecken. Der Frühling ist nicht aufzuhalten. Dein Geburtstagsbaum, die japanische Kirsche, blüht im gesamten Stadtgebiet. Doch im Vorgarten verweigert sie sich in diesem Jahr. Zu deinem ersten Geburtstag nach deinem Tod hatte ich mit der Schwiegerfamilie die Kirsche vorne gepflanzt, und sie blühte zum zweiten Mal wieder weit vor deinem nächsten Geburtstag. Doch im Herbst darauf fand ich Schädlinge in den Zweigen. In diesem Jahr ist die Kirsche vollkommen kahl, kratzt man an der Rinde, sieht man noch ihr verstecktes Grün.

Wieso hatte ich vergessen, dass auf diesem kleinen Stück Erde im Vorgarten über mehr als 20 Jahre alle Bäume und Sträucher immer wieder eingegangen waren?

In diesem dritten Jahr nach deinem Tod behaupte ich, dass ich durch das tiefe Tal der Trauer hindurch bin. Ja, ich bin mir dessen sicher. Aber es gibt diese Zeiten, in denen die Trauer mich besetzt. Es sind Zeiten und Ereignisse, in denen ich die Welt wieder so wahrnehme, wie du sie mir in unserem letzten gemeinsamen Frühling beschrieben hast. Immer wieder ist es das Wort: »Schöntraurig.« Melancholie kommt auf. Es sind die Jahreszeiten, Frühling und Spätsommer, die die Erinnerungen aufleben lassen. Es sind Festtage im Jahreskreis, die an dich erinnern. So ist es jetzt dein nahender Geburtstag, mit dem eine Zeit intensiven Erinnerns anbricht.

Draußen wird es wärmer.

Es ist die Wärme des Aufbruchs.

Ich schlage in meinen Gedanken einen großen Bogen zur Wärme der letzten Spätsommertage im Jahr deines Todes.

SEPTEMBER 2012

Noch einmal ist es warm. Die letzten Spätsommertage bündeln das Sommergefühl in Fülle. Sie überschütten noch einmal die Menschen, die Welt. Du sitzt inzwischen für Wege im Haus und auch draußen durchgängig im Rollstuhl, den du auch selbsttätig bedienst, in dem ich dich aber auch über längere Strecken schiebe.

Das Hospiz liegt in der Nähe des Kanals und damit nah an einem gern genutzten Radweg, der über den Damm führt. In unmittelbarer Nähe kann man in einem Lokal mit Außenterrasse einkehren. Bei gutem Wetter ist dieser Ort stark frequentiert. Direkt am Kanal wähnt man sich in südlichen Gefilden an einem Fluss sitzend. Freizeit- und Urlaubsgefühle kommen auf.

An diesem Spätsommertag schiebe ich dich im Rollstuhl zum Damm. Den Rollstuhl zu schieben, hat mir – wider Erwarten – viel

Kraft abverlangt. Bisher habe ich ihn nicht in freiem Gelände geschoben. Es wird bei diesem einzigen Ausflug bleiben.

Mit Blick auf den Kanal und die dahinterliegende Lippe verweilen wir eine kurze Zeit auf dem Damm und steuern dann zielstrebig auf die Terrasse des Lokals zu. Wir wollen Eis essen. Ich rücke einen Stuhl vom Tisch weg, um dich in deinem Rollstuhl an eben diese Stelle zu schieben. Es ist ziemlich viel physische Kraft, die ich da aufwenden muss. Ich bin ungeübt. Und ich sitze erstmals neben dir, einem Rollstuhlfahrer, in der Öffentlichkeit. Ich fühle mich stigmatisiert. Wieso? Ist es der Rollstuhl? Ist es die Gewissheit, dass du sterben wirst?

Wir sitzen am Tisch, du nah am Durchgang. Immer mehr füllt sich die Terrasse mit Sonntagsausflüglern, Paaren, Familien, Wanderern, Spaziergängern, Radfahrern im Sportdress. Man trinkt und isst und klönt und lacht. Die Sonne scheint. Es ist warm hier, und das Wasser glitzert im Sonnenlicht. Wir beide haben Eis bestellt, und bis es serviert wird, schauen wir uns um.

Wir schauen uns still um. Du sitzt im Rollstuhl. Ich sitze neben dir.

Du bist sterbenskrank.

Ich bin kerngesund.

Ich sitze mit dir mitten im Leben.

Ich sitze mit dir, mit dem ich zum Sterben ins Hospiz gezogen bin, an diesem Ort, wo das Leben und das Lachen den Raum und die Zeit füllen.

Hier, wo die Menschen den Sonntag genießen und später nach Hause und in ihren Alltag zurückkehren werden, sitzen wir mittendrin. Und es ist für uns kein Genuss. Es fühlt sich falsch an. Keiner der Gäste auf dieser Terrasse wird gerade daran denken, dass er sterblich ist. Niemand wird ahnen, dass du, der hier sitzt, dem Tod nah bist. Da passt irgendwas überhaupt nicht zusammen.

Ich verdamme die warme Sonne, die uns – wie alle hier – herausgelockt hat. Sie hat uns verführt! Sie gaukelt uns Lebensglück vor. Sie betrügt uns. Sie betrügt dich.

Die anderen scheinen glücklich zu sein. Wir sind hier gerade gar nicht glücklich. Das Eis wird serviert. Ich schaufle mit jedem Eislöffel das schwere Unglück in mich hinein. Mir scheint die Sonne zu grell. Sie »brennt« einen großen Kontrast zwischen das Leben der anderen und unser Leben. Hier gehören wir nicht hin.

Ich weiß nicht mehr, ob mir das Eis geschmeckt hat. Aber dass wir nicht lange geblieben sind, daran kann ich mich gut erinnern. Fast fluchtartig haben wir beide den Ort verlassen. Zahlen und weg! Ich habe versucht, den Rollstuhl elegant zu schieben, damit niemand merkt, dass ich ungeübt bin. Haltung bewahren und nicht weglaufen. Herz verschließen und Gefühle zurückdrängen. Aber unbedingt: weg, nur weg.

Schweigend schiebe ich dich im Rollstuhl zurück zum Hospiz. Dort angekommen beklage ich mich – ich erinnere mich wieder an die Aggressivität in meiner Stimme –, wie schwer sich der Rollstuhl schieben lasse.

Und ich erkläre sehr bestimmt, dass ich eine solch weite Fahrt nicht mehr machen werde.

Wir sind zurück.

Du bist still.

Du bist lange still. Und dann sagst du: »Ich dachte, ich habe ein großes Schild auf der Stirn. Darauf steht: Todgeweiht.«

Mehr musst du nicht sagen, um deutlich zu machen, wie schmerzlich dieser Ausflug gewesen ist, der doch eigentlich der Lebensqualität dienen sollte.

Da ist etwas gründlich misslungen. Du fühltest dich hilflos in dieser Welt der Überlebenden. Du gehörtest nicht mehr dazu.

Wir beide haben keinen ähnlichen Ausflug mehr gemacht, obwohl es dein Gesundheitszustand zugelassen hätte. Draußen – außerhalb des Hospizes – das war nur noch meine Welt. Deine war es definitiv nicht mehr. Und es war nicht mehr unsere gemeinsame Lebenswelt. Das Hospiz war die Welt, in der du deinen Weg bis zum Lebensende gehen konntest, und es war die Welt, in der ich dich begleiten konnte. Wie unser Zuhause, so war es nun auch dieser Ort in der Öffentlichkeit, der nicht mehr deiner war. Der Radius der gemeinsamen Rollstuhlspaziergänge beschränkte sich fortan auf die Wege rund ums Hospiz. Hätten die Menschen auf der Ausflugsterrasse damals geahnt, dass sie als Überlebende neben einem Todgeweihten gesessen und gelacht hatten, vermutlich hätten sie betreten geschwiegen oder gar ihr Essen hinuntergewürgt. Eine eigenartige Vorstellung.

Im Sommer nach deinem Tod bin ich sehr bewusst mit meiner Familie in dieses Lokal zum Essen und auch zum Eisessen gegangen. Ich wollte den Ort zurückgewinnen. Ich kann gut dort sein. Aber der Ort bleibt auf immer verbunden mit dem gedachten Schild vor deiner Stirn: Todgeweiht.

Ein Freund brachte mich auf die Idee, dem Begriff »dem Tod geweiht« doch einmal nachzugehen. Du hast dieses Wort sicher deiner Liebe für die lateinische Sprache zu verdanken: »morituri te salutant. Die Todgeweihten grüßen dich.« Dieser Gruß wurde den Gladiatoren in den Mund gelegt, die vor ihren Kämpfen in der Arena vor Cäsar hintraten. Ich lese, dass das Wort *morituri* (Partizip Futur Aktiv) wörtlich übersetzt heißt: diejenigen, die sterben werden. Und der Vollständigkeit halber füge ich auch hinzu, dass Cäsar gesagt haben soll: »aut non, oder auch nicht.« Gegen diese nüchterne wörtliche Übersetzung schwingt in der üblichen Übersetzung des Wortes *morituri* mit todgeweiht ein viel weiteres Gedankenspektrum mit. Zum Begriff »weihen« finde ich eine Vielfalt von Vorschlägen, die diesen Begriff füllen können. So ist von »durch Weihe heiligen« über »widmen – zueignen – preisgeben – heiligen – segnen – benedizieren – hingeben – bestimmen – sakrieren – ausliefern – aussetzen – überlassen – dahingeben« eine Bandbreite von inhaltlichen Bezügen möglich.[22] Ganz sicher passten zunächst die Synonyme »ausgesetzt« und »ausgeliefert«, ja auch »preisgegeben«.

Aber kann es nicht auch sein, dass man auf den Tod hin geweiht ist, im Sinne einer heiligen Aufgabe? Da jedes Geschöpf sterblich ist, ist es vielleicht das Verständnis vom Tod als endgültiges Ende oder Durchgang, das das Sterben und den Tod zu einer heiligen Aufgabe macht. Wird es leichter? Das Abschiednehmen gewiss nicht.

Ich habe dich doch so erlebt, dass du das Sterben, den Tod als Aufgabe begriffen hast, der du dich verpflichtet fühltest, als Mensch, als Theologe, als Glaubender, was ja alles ineinandergreift. Spontan fällt mir das Osterlied ein: »Wir sind getauft auf Christi Tod und auferweckt mit ihm zu Gott.«[23] Das heißt doch auch, dass wir – wie er – als Menschen immer schon Todgeweihte sind, aber der Tod und das Sterben eines Christen sich auch von der Taufe her durchdrungen weiß und an die Auferweckung glaubt. Seit Christi Tod ist unser Tod nicht das Ende.

Unter dem Wort und Bild »todgeweiht« ist bei mir dieses Ereignis gespeichert als wichtige Wegmarke auf dem Abschiedsweg. An diesem Punkt, mit diesem Ereignis war spürbar geworden, dass du im Prozess des Abschiednehmens eine Rückkehr in das »alte Leben« als Bruch erfahren musstest. Es gab kein Zurück mehr. So schmerzlich es für uns beide war. Es tat gut zu erkennen, dass die Konfrontation mit dem »mitten im Leben« nicht mehr passte, vielmehr anknüpfte an alte Schmerzen, die genug erlitten waren. Solche Situationen bewusst aufzusuchen war konträr zu dem Wegabschnitt, auf dem du gerade unterwegs warst. Das Abschiednehmen von der Welt, von Zuhause, aus der Öffentlichkeit hattest du schon vielfach aktiv vollzogen und auch durchlitten. Eine Rückkehr störte das weitere Unterwegssein, deinen Prozess, das Voranschreiten. Den ganzen Sommer hattest du Abschied genommen – ja eigentlich schon, seit du zwei Jahre zuvor die Diagnose »Knochenmetastasen« bekommen hattest.

Am nächsten Tag sitze ich neben dir im Garten des Hospizes. Du bist im Rollstuhl. Die Sonne scheint. Es wird gelacht. Hier scheint die gleiche Sonne, die jetzt die Menschen am Kanal wärmt. Mir scheint sie hier milder. Hier betrügt sie dich nicht. Hier hüllt sie uns ein und lacht uns zu. Hier fühlt es sich richtig an. Hier sind mehrere Menschen todgeweiht. Hier fühlst du es nicht in deine Stirn eingebrannt, weil es freundlicher auf deiner Gästekarte steht und jedermann darum weiß, der hier arbeitet oder Besuche macht.

Gehirnakrobat

OKTOBER 2012

Du sitzt neben mir im Auto. Ich fahre dich vom Hospiz zur Klinik, wo du eine Bluttransfusion bekommen sollst. Als dein Arzt sie dir verschreibt, irritiert mich das zunächst. Es gibt doch keine Behandlungen mehr, denke ich. Aber du bist zunehmend müder geworden, und es gibt, wenn auch selten, Wortfindungsstörungen.

Die Bluttransfusion soll deinem Gehirn Sauerstoff zuführen und den »Gehirnakrobaten«, wie dich dein Doktor nennt, noch eine Weile gut versorgen. Es rührt mich, als der Arzt formuliert, dass du, solange es eben möglich ist, die Fähigkeit des Denkens behalten sollst. Das ist eine klare Aussage darüber, wie er dich wahrnimmt. Und das ist auch eine klare Umsetzung, die sich aus dem ergibt, was dann für dich ein würdevolles Sterben bedeutet. Gerade weil du am meisten gefürchtet hast, dass dein »Kopf« vor deinem »Körper« stirbt, ist diese ärztliche Maßnahme eine Würdigung deiner Denker-Persönlichkeit. Ich begreife es erst so nach und nach, dass das, was man als menschenwürdiges Sterben beschreibt, bei dir zu Bluttransfusionen führt. Es geht nicht um Lebenserhaltung unter allen Umständen, es geht um deine Lebensqualität. Um deine!

Der Weg, den wir vom Hospiz zur Klinik fahren, ist zur Hälfte auch unser Heimweg. Als ich zur Klinik abbiegen muss, spüre ich einen starken Impuls, einfach geradeaus zu fahren, nach Hause.
   Ich könnte das alles beenden.
   Ich könnte diese Zeit als bösen Traum hinter mir lassen.
   Ich habe die Steuergewalt.
   Ich kann dich und mich bringen, wohin ich will.
   Ich habe die Macht.
   Du bist mir ausgeliefert.
   Aber ich folge dem Impuls nicht. Ich wage es nicht. Ich agiere vernünftig. Ich fahre nicht geradewegs nach Hause. Ich biege zur Klinik ab. Ich bringe dich dorthin.

»Ich wäre gern mit dir nach Hause gefahren«, sage ich, und du antwortest: »Ach, Maria, das hatten wir doch schon. Ich werde nie mehr dorthin zurückkehren. Du musst hinfahren, weil es dein Zuhause bleibt. Meines ist es nicht mehr.«

Einen Moment denke ich an die Terrasse am Kanal.

Es stimmt. Dein Weg führt nicht mehr zurück!

Während du dann in der Klinik die Bluttransfusion bekommst, fahre ich in unser Haus, heim. Ich schaue nach der Post. Ich wasche. Ich ordne, was liegen geblieben ist.

Ich bin allein, ohne dich!

Ich verschließe mich.

Die Sehnsüchte nach Heimkehr mit dir sperre ich aus.

Ich schiebe die Träume beiseite, die von der Fortsetzung unseres Lebens in Zweisamkeit in unserem Zuhause erzählen. Ich könnte es sonst nicht ertragen, zu pendeln zwischen hier und dort, zwischen Zuhause und Hospiz.

Inzwischen haben sich die Blätter an den Bäumen in unserem Garten verfärbt und fallen ab. Ich stelle die Gartenstühle in den Keller, baue den Terrassentisch ab und räume für den Winter auf. Später erlebe ich auch, wie der Innenhof im Hospiz in Winterschlaf geht. Von daheim nehme ich mir einen kleinen elektrischen Bohrer mit und loche die Kastanien, die ich rund um das Hospiz und die Annenkapelle gesammelt habe. Ich fädele sie auf einen langen reißfesten Faden und hänge sie in den zunehmend kahler werdenden Apfelbaum mitten in diesem Hof. Einmal, als ich die alltägliche Heimfahrt gemacht habe, finde ich die Nachbarin in unserem Garten fegend vor. Sie befreit den Weg vom herabgefallenen Laub. Sie sorgt wie selbstverständlich für unseren Garten, den du nie wieder sehen wirst.

Es ist möglich: Ich kann mich verschließen!

Es ist möglich!

Es ist möglich!

Nein, nicht ganz! Wenn ich im Auto sitze und von unserem Haus zum Hospiz fahre, spüre ich die Traurigkeit. Sie bindet mich, engt mich ein. Auf dieser Strecke wirst du nicht mehr neben mir sitzen. Nie mehr. Ich fühle mich verlassen, obwohl du noch lebst und wir noch zusammenleben.

Später an diesem Tag, als du die Bluttransfusion bekommen hast, hole ich dich wieder aus der Klinik ab, und wir fahren zurück ins Hospiz. Zwei Wochen lang ist dein Hirn wunderbar sauerstoffgesättigt. Du belohnst alle mit deiner Eloquenz, deinem Sprachwitz und deinem Humor. Im Gespräch mit deinem Doktor läufst du zur Höchstform auf. Manchmal machst du allerdings gewagte Gedankensprünge, die selbst den Doktor sehr fordern. Noch einmal darfst du danach aus diesem »Jungbrunnen« trinken. Es gibt noch eine zweite Transfusion. Während deine physischen Kräfte abnehmen, erfreust du dich weiterhin deiner Denkfähigkeit. Die Wirkung der zweiten Blutgabe hält nicht mehr so lange an wie die der ersten.

AUGUST 2015

Heute bin ich zutiefst überzeugt, dass du so lange leben und schließlich auch gelassen sterben konntest, weil du mit klarem Verstand sehr bewusst von diesem Leben Abschied nehmen konntest. Und vor allem erlebtest du, dass dir im Hospiz ermöglicht wurde, dein Leben auszukosten bis zur Neige und deinen eigenen Tod zu sterben. Du hast, bis auf kleine Ausnahmen, klar denken können bis hinein in die Nacht des Sterbens. Und wenn es stimmt, dass das Wohlgefühl auch zum Teil Schmerzen minimiert, dann ist so ein Ort der Achtung, des Respekts, der Behutsamkeit, der Würdigung des Menschen ein »Gelobtes Land«. Ja, ein Gelobtes Land ist das Hospiz, aber nein, noch nicht das Paradies.

Wir beide, mein Ehemann in der Ewigkeit, sind miteinander einen langen Weg gegangen. In den letzten Wochen deines Lebens war ich deine Begleiterin. Ich konnte wahrnehmen, wie der Prozess des Sterbens uns beide zutiefst verbunden hat und auch zuweilen entzweit hat.

Dein Weg war ganz und gar dein Weg. Deine Bedürfnisse waren verschieden von den meinen. Du bist deinen Weg gegangen, und ich ging meinen Weg. Es gab ein Du und ein Ich und ein Wir – immer wieder – bis zum Ende!

Mutter

ANFANG OKTOBER 2012

Es ist ungefähr eine Woche her, seit Papa gestorben ist, und Mutter meldet sich an. Seit Jahren hat sie den Weg nach Hamm gescheut. Aufgrund der körperlichen Belastungen einer längeren Fahrt meidet sie diese vernünftigerweise auch. Nachdem Papa gestorben ist und du ihr einen so empathischen Beileidsbrief geschrieben hast, möchte sie sich von dir verabschieden. Sie macht es wahr. Zusammen mit meinen Schwestern trifft sie eines Nachmittags im Hospiz ein.

Ich bin unglaublich glücklich darüber, dass sie kommt. Es sind ihre Blicke auf unsere Situation, auf das Hospiz, auf unser Leben, auf mein Leben in der abschiedlichen Begleitung, auf dein Leben im Abschiednehmen, die mir guttun. Sie würdigt damit dich und unsere Partnerschaft. Sicher tut sie sehr bewusst, was ihr bei unserem Vater so nicht möglich war, da er im Koma lag: sich verabschieden von einem sehr wachen Sterbenden. Und sie gibt diesem besonderen Zeitraum noch einmal eine große Bedeutung. Selbst Witwe, hat sie mir nun schon etwas voraus. Sie weiß, wie sich das Alleinsein anfühlt.

Die Anstrengungen, die für sie mit diesem Besuch verbunden sind, haben sich ganz sicher nicht verringert. Sie nimmt diese Fahrt dennoch auf sich. Damit erinnert sie mich auch gleich wieder an dich. »Wenn es etwas wert ist, dass ich mich der Belastung stelle, dann bezahle ich es vielleicht hinterher mit Unwohlsein oder gar mit Schmerzen. Aber ich zahle dafür gern mit dieser Währung.« So ähnlich formulierst du es.

Meine Schwestern und meine Mutter sitzen im Wintergarten, und du kommst mit dem Rollstuhl hinzu. Es ist eine tiefe Begegnung, als ihr euch begrüßt. Du hast meine Mutter immer wieder umarmt und sie dich auch. »Klaus«, sagt sie. »Mutter«, sagst du. Ein Ritual, das mir auch in diesem Raum so vertraut vorkommt und mehr als ein Ritual ist. Es hat Tiefe. Ihr beide mögt euch.

Irgendwann sitzt ihr da und unterhaltet euch allein. Du bist es, der Mutter Trost spendet, ihr, die gerade Witwe geworden ist. Klaus, Klaus, was machst du da? Du tust, was du bei mir nicht mehr tun kannst. Du fühlst dich ein in ihr Leben ohne Papa, »das sich ärmer geworden sieht«, so hast du es formuliert. »Sich wieder auf sich selbst beziehen müssen und nicht mehr auf den anderen«, das ist gesetzt, und so ermutigst du meine Mutter und weist darauf hin, dass sie sich weiter auf ihre Familie beziehen darf und dieses gute tragende Einvernehmen auch eine Form der »Ernte« des eigenen Lebens ist. Und du ermutigst sie, den eigenen Reichtum zu entdecken, den sie immer in sich gehabt habe.[24]

Ach, Klaus, hast du mir das auch so gesagt?

Ich bin nicht beim Gespräch dabei, fange nur ein paar Worte auf. Aber ihr zwei, ihr sitzt da, und es geht euch gut. Wir trinken Kaffee, essen Kuchen, und es ist schön, zusammen zu sein. Später gehe ich mit Mama in den Raum der Stille und führe sie noch einmal durchs Hospiz. So weiß sie nun, wo wir gerade leben und wo du sterben wirst.

Meine Mutter war da! Gerade weil meine Eltern anfangs nur schwer mit unserer Beziehung umgehen konnten – ihre Tochter, die einen katholischen Priester liebt und heiratet –, ist dieses Zusammensein so wertvoll. Über die Jahre unserer Ehe hinweg hattet ihr euch gut verstanden, und du mochtest meine Familie und sie mochten dich sehr. Meine Mutter war da. Wie gut, dass ich sie noch hatte. Trotz ihrer eigenen Trauer um Vaters Tod war sie so sehr meine Mama bei diesem Besuch.

Einmal ist sie noch wiedergekommen, meine Mutter, vor deinem Tod. Aber diesen wichtigen ersten Besuch konntet ihr beide nicht mehr einholen. Es war eigentlich schon alles gesagt.

JULI 2015

Ein schönes Geschenk macht mir Mama, als ich sie daheim im Sauerland besuche. Sie sagt, sie habe immer gedacht, dass ich einen Mann brauche, mit dem ich denken könne. In dir hätte ich diesen Partner gefunden. Aber ja, sie hatte recht. Dorothee Sölle nennt ihren Partner »Lache- und Weinepartner«[25]. Ich möchte von dir als von meinem Denk- und Liebespartner sprechen.

Trauer

13. AUGUST 2015

Der Hibiskus blüht, und der Nachmittag unterm Baum im sommerlichen Garten tut gut. Hier kann ich der Hitze entfliehen. Hier kann ich daran denken, wie es mir in den mehr als zweieinhalb Jahren nach deinem Tod ergangen ist. Ich freue mich darüber, dass mir die Sprache und viele kreative Möglichkeiten zur Verfügung stehen, um Eindrücke zu sammeln und mich auszudrücken. So bin ich über die Zeit der Trauer als aktiv Hinterbleibende gekommen.

Dennoch wollte ich viel allein sein. In einer Nachbarschaft zu leben, in der ich jederzeit willkommen war, wenn mir die Trauer so zusetzte, dass ich nicht mehr aus noch ein wusste, das fühlte sich an, als seien auf dem brüchigen Weg Zufluchtsorte, feste Burgen. Ich hatte den Nachbarn fest zugesagt, mich zu melden, wenn es »bedrohlich« für mich werden würde. Ich kenne Zeiten, in denen mein Leben gefährdet war durch Depressionen, Panik- und Angstattacken. Ich war mir sehr sicher, dass ich es gut würde einschätzen können, wenn dieser Zustand erreicht sein würde, falls er je käme. Ich war mir zutiefst sicher, dass ich auch nach deinem Tod *leben* wollte und dass mich diese Erkenntnis durchgängig tragen würde. Ich war willens und voller Hoffnung, dass es mir gelingen würde, mein Leben zu lieben und mich nicht von der Trauer verschlingen zu lassen.

Was aber dann mit Macht über mich hereinbrach, war die Erfahrung, dass ich Vergleichbares noch nie erlebt hatte. Gewiss, der Tod meiner Schwester war auch für mich in seinen Auswirkungen auf meine Empfindungen und Befindlichkeiten völlig neu gewesen. Nie zuvor war das, was ich fühlte, diesen Verletzungen ähnlich gewesen. Ja, das Sterben verletzt die, die zurückbleiben. Es reißt grausame Wunden. Es war vor allem die Endgültigkeit des Abschieds, die mich betroffen gemacht hatte bei ihr.

In der Trauer um dich, meinen Mann, war diese Endgültigkeit täglich, stündlich spürbar und der Schmerz war an manchen Abenden übermächtig. Ich lebte mit jemandem, der nicht mehr da war. Und

Trosthaut

bin unter die Räuber gefallen
schlugen auf mich ein
mit einem Nie-wieder-Hammer
fügten mir Schnittwunden zu
mit dem scharfen Sehnsuchtsmesser
mit dem Heimwehdolch
verfehlten sie nur knapp mein Herz
es schlägt noch
wenn auch taktlos
zum Töten hat es nicht gereicht

zurückgelassen
verwundet am ganzen Körper.
verkrieche mich
in Embryohaltung.
kein Schrei möglich

ein Samariter berührt mich
streift mir sanft eine dünne Trosthaut über
fühle mich gehalten
bewege mich nicht
dehne mich nicht
halte still
eine Weile nur
gehalten sein
schmerzlos

trotzdem bist du in jeder Nische des Hauses, in jedem Gegenstand, der in deinem Haus zu finden ist, anwesend.

Du lebtest in meinen Kleidern, weil du sie mochtest oder nicht. Du lebtest in meinen Tagesstrukturen und Ritualen. Du zogst durch meine Gedanken und tobtest in meinen Gefühlen. Du pulsiertest durch meine Adern und atmetest mit mir oder gegen mich. Du warst da und doch nicht da. Ich hielt Ausschau nach dir und wusste, er wird nicht wiederkommen. Ich sah dich – momentelang wie vom Blitz getroffen – in Menschen, die mir begegneten, in ihrer Haltung, in ihrer Kleidung, in ihrem Gang. Mit freudigem Erschrecken sah ich dein Auto vor mir auf der Straße und vergaß einen kleinen Moment, dass es nicht dein Auto sein konnte. Einmal wollte ich nach einem Friedhofsbesuch meinen Wagen starten, um heimzufahren, da kam jemand auf mich zu. Er ging wie du. Er wirkte ein wenig schief wie du. Seine Jacke war wie die deine. Überwältigt vom frohen Schreck und der Riesenenttäuschung saß ich in meinem Auto, blind vor Tränen, und konnte nicht starten.

Das Heimkommen hat mich lange Zeit geschmerzt. Nicht erwartet zu werden und den Geliebten nicht mehr erwarten zu können, erzeugte Gefühle von großer Einsamkeit. Es war mehr als Alleinsein. Zuvor zweisam, war ich nun einsam. Und diese Gefühle verlor ich nicht, wenn ich unter Menschen war. In die Stadt zu gehen und niemandem erzählen zu können, wo ich gewesen war und was ich getan hatte, gehörte zu den Erfahrungen von Verlust, die ich so nie zuvor gekannt hatte.

Allein war ich schon immer gern gewesen. Ich hatte immer schon viel Zeit für mich gebraucht. Aber:

Nicht mehr erzählen, was ich erlebt hatte.

Nicht mehr erzählen, was mich bewegt hatte.

Nicht mehr erzählen, was mir gutgetan hatte.

Dich als Resonanzpartner verloren zu haben, das tat mir weh. Das war das Schlimmste.

Ich fühlte mich häufig angeschaut, auch wenn ich vermutlich in der Menschenmenge verschwand und nicht mehr oder weniger angesehen wurde als andere. Ich dachte, man sieht mir an, dass ich nur halb bin, dass mir ein Teil fehlt. Ich fühlte mich blass und krank. Ich fühlte mich unwirklich. Jeder, dachte ich, sieht mir an, dass ich meine innere und äußere Stabilität verloren habe. Dann wiederum hatte ich den Eindruck, dass man mich übersieht, dass ich – so wie du – unsichtbar geworden war.

Ein anderes Mal freute ich mich darüber, dass die Trauer die Pfunde hatte purzeln lassen. So konnte ich mir Kleidung in einer anderen Konfektionsgröße kaufen. Dann wiederum wunderte ich mich über mein faltiges Gesicht und meinte, die Müdigkeit und Kraftlosigkeit in meinen Augen seien für jeden sichtbar. Ich sah im Spiegel eine gealterte Frau. Ich sah eine Frau, die zerknittert war, mit fast papierener Haut und verfallen.

Immer gab es diese Wechselbäder der Gefühle, der Gedanken, die so viel Kraft raubten.

Es gab unwirkliche Tage, an denen ich den Eindruck hatte, ich lebe vor mich hin und bin zugleich nicht in der Welt. Nach den ersten sechs Wochen meinte ich, eine deutliche Veränderung in meiner Trauer zu spüren. Aber die Trauer kam weiterhin. Sie ging. Sie kam und blieb, gerade so, wie es ihr passte. Mal war sie länger bei mir, mal kürzer, mal blieb sie aus. Manchmal schickte sie mir nur eine Erinnerung. Manchmal einen ganzen Eimer Tränen. Manchmal bekam ich Trauertöne in jeder Tonart. Manchmal versuchte ich, mich ihr zu entziehen oder so zu verschließen, dass sie keinen Einlass finden würde. Es gelang mir nicht. Die Trauer war in der Regel unberechenbar. Sicher war nur ihr Erscheinen an den Gedenktagen, den besonderen Tagen. Und die Trauer liebte es, mich an den Abenden heimzusuchen.

Aber sie ließ mich schlafen.

»In der Allgegenwart eines Abwesenden zu leben, ist ein Zustand der Zerrissenheit und Benommenheit, der dir die Vertrauenswürdigkeit nimmt, weil niemand dir diese Doppelung ansieht, weil sich niemand vorstellen kann, dass du ununterbrochen von dem begleitet bist, was andere nur hin und wieder erfahren, ganz kurz, in einer aufblitzenden Erinnerung, einem Stich des Vermissens, einem unvermittelt zuschlagenden Schmerz und Unglauben. Es ist eine permanente Vergangenheit, die das Heute, durch das du dich Stunde für Stunde hindurchbeißt, unwirklich macht. Du atmest, du redest, du tust, als seist du normal, aber wie der Tote bist du da und doch nicht da.« So formuliert Connie Palmen ihren Trauerschmerz, und ich finde mich darin wieder. »Wo ich gehe und stehe, habe ich einen Mann an meiner Seite, der nicht mehr ist«, schreibt sie.[26]

Da dein Tod, mein Betrauerter, und dann deine Beerdigung die Weihnachtszeit eingeleitet hatten, war der Advent für mich eine besondere Zeit des Unterwegsseins. Ich entschied, die Danksagung für alle guten Wünsche und Gedanken, für die überwältigenden Spenden ans Hospiz mit dem Weihnachtsgruß zu verbinden, und so hatte ich die ersten Wochen nach deinem Tod zu tun. Der Alltag forderte sein Recht: Verträge kündigen, Witwenrente beantragen, Konten umbuchen lassen, überall deinen Tod bekannt machen. Auf einmal wurde mir bewusst, dass ich Witwe bin. Ich hatte das Wort zuvor schon für den Zivilstand meiner Mutter genutzt und auch gewusst, dass das nun meine Bezeichnung war. Nun war ich also Witwe. Die meisten Menschen fügten an, ich sei ja eine junge Witwe. Wie schwarz mir das Bild einer Witwe vor Augen steht. So eine war ich nicht und wollte es nicht sein. Ich war keine schwarze Witwe. Ich war nicht schwarz-weiß, und meine Trauer war auch nicht schwarz-weiß. Später, als meine Versicherungen umgestellt wurden, bekam ich einen Single-Tarif. Was war ich: Witwe, Single, Ehefrau?

Ich fühlte mich weiterhin als deine Ehefrau, eine Frau, deren Mann gestorben ist. Ich wollte deine Ehefrau bleiben. Ich wollte kein Single sein. Und ich trage noch heute den Ehering mit deinem Namen und dem Datum unserer Eheschließung.

Ich erlebte so vieles, was außen auf mich einströmte. Und mehr noch bewegte sich innen. Wem sollte ich von all diesen bewegenden Dingen erzählen, wenn nicht dir? Was bot sich da denn Besseres an, als zum Stift zu greifen und zu schreiben – Tag für Tag, meistens am Abend?

Ich adressierte alle meine Gedanken an dich. Ich überschrieb die Seiten mit »Mein Geliebter«, »mein Liebster in der Ewigkeit«, »Liebster« oder »Ewiger« oder einfach nur mit deinem Namen. Ich schrieb Litaneien und fand Zuschreibungen – an die hundert, wie: Ermutiger, Zuhörer, Freund, Begleiter… Ich schrieb Mails, an Freunde, die auch antworteten. Und an die Familie, die für mich da war. Ich war neidisch, wenn meine Schwestern kamen und zu ihren Männern heimfuhren. Ich war neidisch, wenn ich in der Stadt Paare sah, die sich an den Händen hielten. Am liebsten hätte ich diese Hände getrennt und darum gebeten, selbst Hand halten zu dürfen.

Neid ist ein eigenartiges, ein hässliches Gefühl. Ich habe mich häufig selbst dabei beobachtet, wie ich »die Krallen ausgefahren habe«. Neid hat einen aggressiven Anteil. Ich wollte haben, was ich nicht hatte, und ich sah im Wunschbild, wie ich es mir nahm. Ich trennte in Gedanken die Finger des händchenhaltenden Paares, indem ich daraufschlug, sodass sie beide loslassen mussten. Ich entzweite. Trauer hat aggressive Anteile.

Wenn ich in den angrenzenden Gärten die Nachbarn mit ihren Partnern und Kindern oder Enkeln zusammensaßen, erlebte ich meine Einsamkeit massiv. Ich saß ohne dich in unserem Garten. Ich hätte dieses Gefühl nicht außer Kraft setzen können, wenn ich hingegangen wäre und mich zu den Nachbarn gesetzt hätte. Viele Feiern mied ich. Einladungen nahm ich nur an, wenn ich mich relativ gut fühlte.

Manchmal, zwischendurch, kamen glückliche Gedanken.

Ich erzählte mir selbst davon, dass ich 30 Jahre geliebt worden war in dieser so besonderen Weise, von eben diesem Mann, von dir, der der meine gewesen war. Wie viele Menschen lebten in einer solchen Partnerschaft? Wie viele Menschen wurden geliebt? Wie viele Menschen hatten eine Liebe, wie ich sie hatte? Wie viele Menschen hatten erlebt, was ich erlebt hatte? – Dass die Liebe eine ganz neue Lebensausrichtung fordert, einen neuen Beruf notwendig macht, in Armut beginnt und mit Krankheiten. Und dennoch besteht, wächst, sich entfalten kann. Wie viele Menschen konnten in ihrer Ehe wachsen, wie ich es gekonnt hatte?

Komm heim

sieh
schon reift das Korn
schon blühen Mohn und Kamille
der Sommer ist da

Komm zu mir
geh mit mir
Hand in Hand
durch die Sommerfelder

Sei wieder da
nur einen Spaziergang lang
dass ich mich an dich schmiegen
deinen Geruch einatmen
und deine Stimme hören
kann
wenn sie meinen Namen sagt
so, wie nur du ihn sprichst

Komm heim

Aber
nur einen Spaziergang kurz
zu kurz
zu kurz

und alles begänne von vorn
das Vermissen und das Sehnen
und das Trauern und das Weinen
und das Klagen und das Schreien

und alles begänne von vorn

als ob es je aufgehört hätte
das Vermissen und das Sehnen

als ob sie je aufgehört hätte
die Liebe
die Liebe

als ob ich dich je vergessen könnte
als ob
als ob

Ich erinnerte mich an den Beginn unserer Liebe im Jahr 1982. Die Begegnung mit der Liebe beschreibst du selbst in deinen Aufzeichnungen von damals als wunderbare Erdung, als heiliges Geschehen, als heilendes Geschehen. Es ist eine Begegnung, »die dir die Schuhe auszieht«[27].

Du bist 30 Jahre lang mein Partner gewesen. Ich möchte diese Partnerschaft beschreiben als Liebes- und Denkpartnerschaft. Du hast mich bestärkt in den Dingen, die ich gerne machte. Es gab Freiräume, auch Zeitfreiräume für meine kreativen Anteile. Du hast mich nicht gebogen oder verbogen. Du hast mich die sein lassen, die ich war. Ich konnte mich immer finden. Ich durfte sein. Das waren Gedanken des Glücks. Das sind und bleiben Gedanken des Glücks.

Ich suchte Texte, Lyrik, Romane, Berichte, was immer ich rund um meine Themen – Abschied, Liebe, Tod und Trauer, Weiterleben – bekommen konnte. Ich suchte nach Worten, die mir Kraft gaben. Ich suchte, was mich tragen konnte. Ich suchte in meinen Erinnerungen und in deinen Aufzeichnungen. Ich suchte in der Bibel und in den Büchern, die du gelesen hattest. Ich suchte und suchte. Und ich fand Worte. Ich… Ich, ohne dein lebendiges, irdisches Du! Mit einer »Handvoll Scherben« – unser »Wir«, in dem sich ein wenig vom »Glanz Gottes«[28] spiegelt. Und mein »Ich«, eingehüllt in deine Liebe, denn »einzig die Liebe bleibt, was sie war«[29].

Briefe

2012

Nach und nach erfahren unsere Freunde und Bekannten, dass du und ich Gäste im Hospiz sind und du hier die letzten Lebenstage verbringst. Viele äußern ihren Wunsch, dich oder uns zu besuchen. Wir können und wollen nicht alle diese Wünsche erfüllen. Du ringst durchaus mit den Entscheidungen, ob du jemanden noch einmal sehen möchtest. Deine schwindenden Kräfte nehmen dir Entscheidungen ab. Manchem schreibst du zu Beginn deines Aufenthaltes noch eine kurze Mail, aber auch da sind die Kräfte bald aufgebraucht. Dich und mich erreichen dann Briefe, die den Abschied thematisieren und auch den Dank an dich für dein Dasein und Mitsein. Du hattest in deiner Zeit als Gefängnispsychologe die Tochter einer Freundin in ihrem Ansinnen unterstützt, sich mit einem Gefangenen und dessen Geschichte und Tat auseinandersetzen zu wollen. Du hattest nicht, wie viele andere, diese Idee pauschal verurteilt, sondern mit ihr Gespräche geführt und sie auf die Chancen und Risiken verwiesen, die dieses Projekt für sie haben könnte. Letztendlich kam es zu Kontakten mit diesem Inhaftierten, aber zu keinem wirklichen Projekt.

Als meine Freundin und ihre Tochter vom Aufenthalt im Hospiz hören, schreiben sie beide, jede für sich, einen Brief an dich. Es war offensichtlich die Ernsthaftigkeit, mit der du der jungen Frau begegnet warst, die sie als hilfreich und stärkend empfunden hatte. Und dass du ihren Gedanken Raum gegeben hattest, dass sie selbst Erfahrungen machen durfte, ohne dass du sie alleingelassen hattest, das hat sie dir gedankt. Diese beiden und viele mehr fassen in ihren Briefen in Worte, dass du in ihrem Leben Hilfe, gar Segen warst. Manchmal haben dich solche Briefe sehr gerührt. Ich kenne nicht alle Briefe, die dich erreichten. Du hast mir von manchen Inhalten erzählt. Manche Briefe gabst du mir zum Lesen, damit ich deine Rührung verstand. Ich habe mich so sehr gefreut, dass ich nicht später in den Kondolenzbriefen würde lesen müssen, warum man dich geschätzt hatte, sondern Anteil hatte an dem, was dir noch im Leben gesagt wurde. Was du meiner Mutter geschrieben hattest, dass sie die Ernte ihres Lebens einfahren könne, das geschah durch diese Briefe. Das war der Herbst deines Lebens. »Herr, es ist Zeit, der Sommer war sehr groß!« Welch ein Geschenk.

Wenn ich heimkam, telefonierte ich mit denen, die auf dem Anrufbeantworter ihre Grüße hinterlassen hatten, und manche, aber eher wenige, riefst du nachher zurück. Da ich die Kontakte über das abendliche Mailen aufrechterhielt, bekam ich auch hin und wieder Aufträge von dir, Grüße oder Gedanken zu schicken. ==Deine Kommunikation über die wirklich realen Besuche hinaus nahm dann sehr schnell auch ab. Die Kräfte== gingen dir aus. Die Kraftzeiten wurden kürzer.

Söckchen

SEPTEMBER 2012

Deine Nichte A., die auch dein Patenkind ist und zu der du eine besondere Beziehung hast, kommt mit ihrem Lebenspartner und den Eltern ins Hospiz. Du wusstest, dass A. gerne Mutter werden möchte, und du kanntest sie gut genug, um zu wissen, dass sie sich sehr unter Druck setzen konnte. Im Angesicht deines Todes schienst du frei zu sein, ihr noch ein paar wichtige Gedanken mit auf den Weg zu geben. »Man kann auch ohne Kinder eine glückliche Partnerschaft leben!«, waren deine Worte an sie. Danke, du, mein Liebster! Du wusstest ja, wie sehr man unter Druck kommen konnte, wenn man einen unerfüllten Kinderwunsch hat, wie wir über viele Jahre.

EINIGE ZEIT SPÄTER

A. lässt sich vom Bahnhof abholen. Sie kommt allein.

Sie setzt sich zu dir und erzählt dir: »Du wirst Großonkel. Ich bin schwanger. Ich wollte, dass du es erfährst. Ich weiß es selbst noch nicht lange.« Sie will dir dieses Wissen mitgeben. Wie schön! Sie weist darauf hin, dass ich dann als Großtante und Pädagogin gefragt sein werde. Sie weist mir eine Rolle, eine Aufgabe in der Familie zu und bindet mich so weiterhin ein in deine Familie. Ich bin glücklich. »Mit diesem Kind wird ein Teil aus deiner Familie weiterleben. Es gibt einen Erben«, sage ich dir. Mir scheint aber, du brauchst eine Weile, um diese Aussage zu verinnerlichen.

Wenn A. in der nächsten Zeit mit ihren Eltern kommt, dann wissen wir beide um ihren Zustand, die Eltern aber nicht. Dabei trägt sie alle Anzeichen einer frühen Schwangerschaft. Ihr ist übel. Ihre Mutter sagt: »So übel war mir nur, als ich schwanger war.« Aber sie fragt ihre Tochter nicht direkt.

Einmal, nach dem Besuch deiner Familie, vergewisserst du dich bei mir: »A. ist doch schwanger.« Ich höre aus der Betonung, dass du dir deiner Erinnerung nicht sicher bist. Vielleicht ist es ein Eingeständnis an die häufiger werdenden »Zwischenräume zwischen dem Diesseits und dem Jenseits«[30].

A. will ihrer Familie von der »guten Hoffnung« erst zu Weihnachten erzählen, wenn die ersten drei kritischen Monate vorbei sein werden. Ich frage sie, ob es nicht gut wäre, ihrer Mutter von der Schwangerschaft zu erzählen, um auch ihr in ihrer Trauer über den nahen Tod des Bruders einen Lichtblick zu bieten. Nein, sie will nicht beide Gefühle vermischen. Ich war nie sicher, ob du dich bezüglich des Zustands deiner Nichte unbeabsichtigt verrätst. Aber du hast geschwiegen.

HEILIGABEND, 24. DEZEMBER 2012

Am Heiligen Abend saß ich – wie in allen unseren Ehejahren üblich – im Kreis deiner Familie. Deine Nichte und ihr Partner verkünden ihre Schwangerschaft. Es ist eine glückliche Situation. Die Eltern jubeln, die Oma kann es kaum fassen. Und dann erzählt A., dass du noch von dieser Schwangerschaft erfahren hast. Es rührt deine Schwester sehr. In der Runde waren an diesem Heiligen Abend mehrere Menschen unsichtbar anwesend. Der, der geboren werden soll, und all die, die gestorben sind. Mir ist der Gedanke nicht neu, dass manchmal Geburt und Tod nah beieinanderstehen.

Ich hatte meiner Nichte und ihrem Partner – einer alten Tradition gemäß – einen bunten Strumpf gestrickt. In alten Zeiten soll er, wurde nur einer über dem Herd aufgehängt, ein geheimes Zeichen für die Schwangerschaft der Frau des Hauses gewesen sein.[31] Deiner Schwester und ihrem Mann schenkte ich ein kleines Söckchen. Es fand seinen Platz am Weihnachtsbaum. Fortan sprach man in der Familie von »Söckchen«, bis der Knabe im Sommer des Folgejahres geboren wurde.

Ich stelle mir häufig vor, wie vernarrt du wärst in deinen kleinen Großneffen. Ich stelle es mir gerne vor. Du warst für deine Nichte nicht nur der einzige Onkel, sondern auch ein Onkel, den sie sehr geliebt hat. Ich sehe, wie deine Schwester und dein Schwager in diesen Enkel verliebt sind. Sie entlasten deine Nichte und sind begeisterte Großeltern.

JULI 2015

A. und ihr Sohn besuchen mich. Es ist ein warmer Sommertag. Dein Großneffe braucht eine neue Windel, und A. wickelt ihn in unserem Schlafzimmer. Sie erzählt dabei, dass dies das Zimmer von »Tante Ria und Onkel Klaus sei, der gestorben sei«. Sie nennt dich, meinen verstorbenen Ehemann, mit deinem Namen, und so wirst du in der Erinnerung eines Großneffen weiterleben, der dich nie von Angesicht zu Angesicht gesehen hat. Ich bin tief berührt!

Weizenbier

OKTOBER 2012

Eben haben sich dein Freund und sein Sohn H., der dein Patenkind ist, verabschiedet. Da kommt Schwester B. herein und bringt drei Flaschen alkoholfreies Weizenbier. H. habe sie mit einem lieben Gruß an dich noch vorbeigebracht.

Wir hatten zuvor über Genüsse gesprochen und darüber, was dich erfreuen würde. Und du schwärmtest von alkoholfreiem Weizenbier. Das war nur einer der vielen Gesprächsinhalte des Nachmittags und schon wieder vergessen, als die beiden sich verabschiedet hatten. H., sein Vater und manchmal auch seine Mutter sind ziemlich regelmäßige Besucher bei uns. H. erzählt von seinem Studium, was dich auch weiterhin interessiert. Ihr beide habt eine sehr empathische Patenbeziehung. Einmal bringt er uns eine CD mit, auf der er uns die Geschichte von den kleinen Leuten von Swabedoo erzählt, die einander mit ihren Fellchen wärmen. H. ist es auch, der später deine Trauerfeier durch seine Tränen beim Vorlesen aus der Struktur bringt und die Menschen rührt. Er ist es, der an diesem Tag seine Trauer zeigt. Er ist es, der seine Erschütterung zeigt. Wie gut!

Ich schenke ihm deinen Hut, den du ein paar Jahre zuvor einmal gekauft hast.

Unsere Kinder

AUS DEINEN AUFZEICHNUNGEN 2011

»Es tauchen sogar wieder Pläne auf, und ich kann so tun, als sei da noch groß etwas zu machen. Mit dazu beigetragen hat sicher, dass wir durch Maria die Bekanntschaft einer jungen iranischen Frau und ihrer 10-jährigen Tochter gemacht haben. Die Situation dieser Kleingruppe und der plötzliche Wunsch, diesem Kind dabei zu helfen, eine Zukunft zu haben, wirkte wie ein stark initialisierender Impuls. Seitdem sprechen wir von unseren ›Kindern‹ bzw. fühlen uns wie ›Großeltern‹ mit all den Begleiterscheinungen. Dann ist auf einmal alles andere unwichtig...«[32]

Ich erinnere mich gut daran, wie ich Z. und B. kennengelernt habe. Sehr spontan habe ich Z., die damals noch in der Asylbewerberunterkunft lebte und auf die Anerkennung als politischer Flüchtling wartete, zu mir eingeladen, und wenig später saßen wir hier bei uns auf der Couch und sprachen – sie noch in sehr gebrochenem Deutsch – über alles, was uns bewegte. Ein paar Tage nach diesem Treffen habe ich sie dir zusammen mit ihrer Tochter vorgestellt. Ich war so »verliebt« in die beiden. Die erste Aktion mit B. war das Setzen von Tulpenzwiebeln in unserem kleinen Garten. Es sollte ein Signal sein: So wie wir die Tulpen hier gesetzt haben, so wirst du sie im Frühjahr hier blühen sehen. Wir haben eine gemeinsame Zukunft.

Du und vor allem B., ihr habt euch unglaublich schnell einander angenähert und gemocht. Sie hatte auf einmal einen Opa in Deutschland und du eine Enkeltochter. Du warst spürbar mit deinem Herzen bei ihr. Und du warst es auch, der vorschlug, die beiden zu Weihnachten einzuladen. »Das ist unsere erste Party«, sagte Z. aufgeregt. An diesem Abend fotografierte Z. dich zusammen mit ihrer Tochter. B. lacht glücklich in die Kamera und du auch. Ja, du warst glücklich! Es ist eines der schönsten Fotos aus der letzten Lebensphase, das ich von dir habe.

Als wir zwei ins Hospiz gezogen sind, können Z. und B. diesen Ort zunächst nicht einordnen. Was bedeutet das Dortsein? Ist es ein Krankenhaus? »Ihr kommt doch wieder nach Hause?«, fragt mich Z. Die Erkenntnis, dass du dort sterben wirst, kommt erst nach und nach bei beiden an.

Z. kommt an ihrem Geburtstag am 19. September, und wir feiern ein wenig im Wintergarten des Hospizes. Es entstehen letzte Fotos von dir. Ich habe danach entschieden, keine Bilder mehr von dir zu machen. Manchmal schaue ich mir diese Fotos an. Du siehst sehr gebrechlich aus. Ich denke daran, dass du weitere zwei Monate gelebt hast und weitere zwei Monate abgenommen hast.

Einmal fragte mich die Trauerbegleiterin, ob ich ein Foto aus deiner letzten Lebensphase habe. Sie sagte, es sei manchmal sinnvoll, sich Fotos aus den letzten Lebensphasen anzuschauen, damit man den Tod realisieren könne.

Als Z. und B. auch an B.s Geburtstag am 19. November ins Hospiz kommen, ist deine Lebenskraft fast aufgebraucht. Sie sind sehr traurig, und da du so müde bist, gehe ich mit den beiden aus dem Zimmer. Überall im Haus sind Besucher und die Räume belegt. So setzen wir uns ins Kinderzimmer. Ich erzähle dir später, dass B. – ich glaube, sie ist geübt im Trösten, obwohl doch gerade erst elf Jahre alt geworden – gesagt hat, du habest ein volles Leben gehabt und müsstest nicht sagen, dass es noch so viel zu erledigen gebe. Bei deiner Bestattung kommen beide, und sie sind selbstverständlich unsere Kinder. Dass ihr euch kennengelernt habt, macht mich glücklich. Wie sehr sie Aufgabe und Geschenk für dich waren, kann man deinen Aufzeichnungen entnehmen.

Einmal hattest du eine Mail von Z. bekommen. Z. schrieb in ihrem gebrochenen Deutsch, mit Umschreibungen und mit sehr eigenwilligen Satzkonstruktionen. »Ach, wie schade, wenn sie irgendwann solche Mails nicht mehr schreibt, weil sie die deutsche Sprache immer besser beherrschen wird«, sagtest du ein wenig betrübt. Damals haben wir oft von »Bildungspatenschaft« gesprochen, und es war eines der ersten Beziehungswörter, die dir zu Z. und B. eingefallen sind. Aber dann wurden die Begriffe von Tochter und Enkelin immer richtiger. Damit ist ja die Bildungspatenschaft nicht aufgehoben worden, eher vertieft und um ein dichteres Bindungselement erweitert.

Die Beziehung zwischen Z., B. und mir hat sich in den Jahren nach deinem Tod weiter entwickelt. Wir können von dir sprechen. Wir können uns gemeinsam erinnern. Ich kann ihnen von dir erzählen, und es taucht auch bei ihnen dazu ein Bild von dir auf. Ich kann dich betrauern und werde getröstet. Ich bin Mama und Oma. Ich bin Mariajan.[33]

MAI 2014

Z. macht mir ein Muttertags-Geschenk. Ich bekomme eine Kette mit einem kleinen Baumanhänger. Wir mögen beide Bäume in jedweder Gestalt und in ihrer symbolischen Aussagekraft.[34]

AUGUST 2014

Z. ist mit B. auf einem Kurztrip in Paris. Sie schickt mir ein Foto. B. hat es aufgenommen. Sie steht in Notre Dame und zündet eine Kerze an. Das Bild ist untertitelt: Für Klaus und Maria[35]*.*

Große Reise im Gästezimmer

OKTOBER 2012

Mein Patenkind, meine Nichte M., war zusammen mit ihrem Freund den Sommer über mit der Transsibirischen Eisenbahn unterwegs gewesen. Zu meinem Geburtstag schickte sie mir ein Päckchen mit ausgesuchten kleinen Mitbringseln aus aller Herren Länder – darunter farbige Gebetstücher aus der buddhistischen Welt und eine Kette kleiner Stoffelefanten, die mich an den elefantenköpfigen Ganesha aus dem Hinduismus erinnerten.

Sie kennt mein Interesse an fremden Kulturen und vor allem Religionen. Von diesem Päckchen ging ein starker Geruch nach Weihrauchstäbchen und Ähnlichem aus. So riecht es auch im hiesigen Hindutempel. Du warst sehr geruchsempfindlich geworden, und ich musste die schönen Dinge alle schnell aus dem Zimmer entfernen, was ich schade fand. Ich hätte mich gern noch eine Weile an diesen bunten Grüßen erfreut.

Als ich Schwester S. von deiner Sensibilität bezüglich des Geruchs erzähle, bestätigt sie, dass sich bei vielen Gästen das Geruchsempfinden in der letzten Lebensphase verändert, häufig verstärkt.

Meine Nichte M. besucht uns mit einer wirklich kleinen Auswahl von Fotos, um uns einen Eindruck von ihrer Reise zu übermitteln. Ihre Präsentation ist hervorragend. Sie hat eine kurze Aufmerksamkeitsspanne vorausgesetzt und daher einige sehr aussagestarke Bilder ausgewählt. Sie bringt ihre große Reise in dieses kleine Zimmer und präsentiert sie humorvoll. Als ich sie später zum Auto begleite, kippt ihre Stimmung in Sekundenschnelle. Sie ist erschüttert, dass sie dich wohl zum letzten Mal gesehen hat. Sie weint. Sie sagt mir, wie sehr sie dich als Onkel mag. Und ich, ich tröste sie. Woher kommt diese Kraft?

Komm, tanz mit mir

AUGUST 2015

Nein, ich war es nicht, die dich zum Tanzen aufgefordert hat. Und doch kanntest du deinen Tanzpartner, weil er hin und wieder schon auf ein paar Tanzschritte bei dir vorbeigekommen war.

Es war der Tod.

Als die Zeit im Hospiz dahinging, das Auf und Ab uns beiden zusetzte, da sah ich dich tanzen.

Da sah ich dich tanzen mit dem Tod.

Er hatte dich aufgefordert, und du hieltst mit ihm Schritt. Du warst immer ein guter Tänzer gewesen. Du hattest ein gutes Rhythmus- und Körpergefühl beim Tanzen. Bei deiner Schwester warst du in die private Tanzschule gegangen. Wir zwei hatten immer wieder Kurse belegt. Du konntest gut und sicher führen.

Doch hier war es nicht immer eindeutig, wer eigentlich wen führte.

Du den Tod oder der Tod dich.

Ihr beide wart ausdauernd und wechseltet die Rhythmen und die Melodien. Manchmal schien es, als sei es ein Kampf, ein Kampftanz. Einer war Sieger. Einer Verlierer. Hin und wieder hielt ich dich für den Gewinner. Im Märchen hätte der Tod dir an der einen oder anderen Stelle gesagt: »Tanz noch eine Weile allein. Ich komme demnächst wieder.«

Du und der Tod, ihr wart ein gutes Tanzpaar.

Ihr habt eine eigene Choreografie entwickelt. Du standest ihm in nichts nach. Ihr habt euch gedreht und euch gewunden. Manchmal sah es von ferne spielerisch leicht aus. Doch dieses Spiel war ein Tanz auf Leben und Tod. Und je länger dieser Tanz dauerte, umso mehr glich sich deine Gestalt der kantigen, knochigen Figur des Todes an. Vielleicht kam der Eindruck der Leichtigkeit beim Tanz von deinem Körper, der jeden Tag weniger wog. Bei näherem Hinsehen wirkte jeder deiner Schritte mühsam.

Manchmal wechselte ich von der Zuschauerin zur Rolle der Mittänzerin und tanzte – mit dir verbunden – jede deiner Figuren mit. In diesen Momenten sah ich nicht nur, sondern spürte am eigenen Leib, wie anstrengend und kräftezehrend dieser tödliche Tanz war.

Letztendlich hat der Tod die Führung übernommen.

Es mag zu seinen Strategien gehören, dem Sterbenden bisweilen die Melodien und Schrittfolgen zu überlassen. Er ist wohl doch ganz zugewandt. Aber schließlich hat er dich fortgeführt, und du machtest in seinen Armen eine gute Figur, als ihr so dahinglittet.

Ob du jenseits meiner Sicht – dort im ganz Anderen – immer noch tanzt? Wenn ja, dann zu deinen Lieblingsmelodien und im Festkleid. Das wäre schön.

Ich suche dich

OKTOBER 2012

Ich wache auf und weine. In meinem Traum finde ich dich nicht mehr. Ich suche dich, laufe durch die Straßen der Stadt und rufe nach dir. Du bist nicht zu finden.

Dieses Verlustgefühl ist grenzenlos und unerträglich, und ich jammere und schluchze. Du regst dich neben mir in diesem Zimmer im Gasthaus und drehst dich zu mir um. Ich erzähle, dass ich dich im Traum nicht mehr gefunden habe. »Aber ich bin doch noch da«, sagst du und ziehst mich zu dir hin. »Es ist aber ein Traum, der Wirklichkeit werden wird, Klaus. Ich werde dich irgendwann bald nicht mehr finden«, weine ich in deinen Armen. Du sagst nichts mehr, sondern umfängst mich nur.

Du, der sterben wird, du, der Grund unseres Hierseins im Hospiz, du der Grund der Tränen, du bist mir Trost in meiner vorweggeträumten Trauer, die mich an diesem Morgen zerreißt und mich den ganzen Tag begleitet. Sehnsucht, Heimweh, Hunger und Durst – nur nach dir lechze ich.

Ich erinnere mich, wenn du früher für ein paar Tage fortmusstest, dann wünschte ich mir schon vorher, du mögest rasch fahren, damit sich der Abschiedsschmerz nicht noch weiter aufbaue und du schneller wieder da seist! Gehen und Wiederkommen. Gehen, um wieder zu kommen. In dieser Situation ist es keine Option.

Zwei Jahre nach deinem Tod ist dieses Gefühl wieder sehr präsent.

Rote Hose

MITTE NOVEMBER 2012

Es ist später Nachmittag. Ob du heute noch ein wenig aufstehen willst, frage ich und hänge gleich die nächste Frage an: »Welche Hose willst du anziehen?«

»Zieh mal an!«, *sagst du. Ich verstehe nicht, was du meinst, und wiederhole meine Frage.* »Zieh deine neue Hose mal an«, *beharrst du. Meine Frage lässt du unbeantwortet.*

Knalleng ist die Hose, die ich heute zusammen mit meiner Schwester gekauft habe. Und diese Hose ist rot!

Ich ziehe sie an, fühle sie wie eine zweite Haut, als ich den Reißverschluss schließe. Dazu trage ich einen lilafarbenen schlichten Rollkragenpullover. Da liegst du, schaust mir zu. Deine Augen weiten sich und strahlen. Ich setze mich zu dir, und du streichelst meine roten Oberschenkel. »Skin to skin« *durch die rote Hose.*

Ich fühle mich gesehen, wahrgenommen, so wunderbar berührt. »Sie steht dir!«, *sagst du, und ich lache dich an.*

Ich stehe noch mal auf und drehe mich, wie ein Model, und weise dich sehr bewusst auch auf den wirklich knackigen Po hin, den diese Hose hier zaubert. Dann lege ich mich zu dir, ganz nah zu dir, und du streichelst mich durch die Hose. Deine Zärtlichkeit ist wach. Du bist glücklich. Ich bin glücklich.

Es ist unsere achte Woche im Hospiz. Immer häufiger und immer länger bleibst du im Bett. S., eine Ehrenamtliche, kommt herein. »S., kaufen Sie sich auch eine rote Hose. Das wird Ihren Mann freuen«, *sagst du und lachst glücklich, ohne deine Hand von mir zu nehmen. Du bist gerade ein Mann, der sich am Anblick seiner Frau erfreut und das intensiv erlebt, auskostet und ausdrückt. Auch mit geschlossenen Augen scheinst du mich zu sehen. Du kannst dich nicht sattfühlen heute. Ich fühle mich leicht. Ich fühle mich hochgehoben von dir. Heute trägst du mich. Es ist ein fast erhabenes Gefühl, das uns beide verzaubert. Es folgen intensive Stunden, verschwiegene Stunden, die nur uns allein gehören.*

Auf der Suche nach dir

In den Tiefen der Meere
und in den Wolkenbildern
suche ich dich.

Wüsten und Wälder
durchwandere ich,
rufe deinen Namen
in jeden Winkel deiner Heimatstadt
und bereise erneut die Orte unseres Glücks
auf der Suche nach dir.

Schwer wiegt mein Sehnsuchtsmantel
getränkt
vom Salzwasser der Meere
und meinen Tränen.
Straßenstaub in jeder Nahtritze
und Wüstensand in den Ärmelaufschlägen.

In den Taschen horte ich zerknitterte Fotos

und
in meinem Haar
verfängt sich totes Blattwerk.

Mein Schritt erlahmt
unter dem bleiernen
Sehnsuchtsmantel.

Müde, erschöpft und kraftlos
komme ich
bei
mir selbst an.

Du flüsterst
meinen Namen.

Meine Liebe erkennt dich.
Du bist
bei mir.

Du warst immer ein Mann, der es liebte, seine Frau in figurbetonter Kleidung zu sehen. Wie häufig hast du mir gesagt, ich könne ruhig Figur zeigen. Wie wenig mochtest du meine weiteren Blusen und Kleider, die ich gerne trug. Wie oft hast du meine grauen Jacken und Pullover missbilligend angeschaut. »Trag mehr Farbe!«, hast du mich aufgefordert. Du hast mir Schmuckstücke gekauft, bei denen es weniger auf den materiellen Wert ankam als auf die außergewöhnliche Wirkung. »Du kannst großen Schmuck tragen, denn du bist eine große Frau.«

Weißt du, wie glücklich ich war in diesen Stunden mit dir? Dass, durch diese rote Hose ausgelöst, noch einmal Stunden der Nähe, der Liebe, der Zärtlichkeit für uns zwei erlebbar waren, welch ein Geschenk.

Immer eingeschränkter ist dein Bewegungsraum geworden. Auch Interessensräume werden enger. Die Weltpolitik und andere Ereignisse gelangen nur noch selten in unser Zimmer. Zeitungen magst du schon länger nicht mehr lesen. Deiner Familie und deinen Freunden gelten deine Gedanken und deine Gefühle. Und all das ist tagfüllend und anstrengend genug.

Jetzt – in diesen Stunden – ist der Raum noch kleiner, schön klein, heimelig. Er ist auf dein Bett geschrumpft. Nur wir zwei. Auf engstem Raum, der kleinstmögliche Radius der Bewegung und des Interesses. Die Stunde der Intimität der roten Hose. Wir haben nur uns beide, und wir brauchen nicht mehr als uns. Noch einmal schön sein in den Augen des Liebsten. Noch einmal spüren, wie du mir durch die Hose unter die Haut gehst. Noch einmal lieben und geliebt sein. Für solche Situationen gibt es ein Schild, das, außen an der Tür des Gästezimmers angebracht, den Eintritt untersagt: »Bitte nicht stören!«

Wenige Stunden zuvor, als ich die Hose kaufte, wusste ich nur, dass ich nicht noch eine weitere Jeans wollte, obwohl ich durchaus eine neue gebrauchen konnte. Alle Hosen waren in den vergangenen Wochen zu weit geworden. Eine farbige Hose sollte es sein.

Beim Stöbern im Laden in der Nähe des Hospizes – zusammen mit meiner Schwester J. – fällt uns die rote Stretchhose in die Hände, und meine Schwester ermuntert mich, sie anzuprobieren. Die Hose sitzt. Ich fühle mich wohl in diesem roten, knalligen Kleidungsstück. Ein paar wohlwollende Worte der Verkäuferin, J.s anerkennender Blick – und die Hose gehört mir.

Meine Schwester J. ist eine wunderbare Einkaufsberaterin. Sie empfiehlt niemals ein Kleidungsstück, das nicht wirklich vorteilhaft aussieht. Manchmal greift sie auch per Blickkontakt und Mimik oder auch mit Worten in die Einkaufssituation anderer Menschen ein. J. lügt nicht. Und gnädig lügt sie sowieso niemals. Eher sagt sie nichts.

In der Einkaufstasche trage ich mein neues Kleidungsstück ins Hospiz und fühle mich dabei schlecht. Je näher wir dem Haus kommen, umso schwerer wiegt die Hose. Ich fühle mich wie eine Verräterin. Eine Verräterin an der Situation. Eine, die dich und dein Sterben verrät. Eine, die sich dem schweren Grau entziehen will. Eine, die mitten im Sterben einen Festtag braucht. Der Hunger nach lebendigen Farben, ja, der Hunger nach Leben ist so groß in mir. Ich will mich in Rot einwickeln. Ich will aus der Schwere raus.
   Protestkauf!
   Schrei nach Leben?
   Die Hose wiegt schwerer und schwerer. Die Hose – eine Verräterinnenhose? Wie wirst du reagieren? Ich weiß gar nicht, ob ich dir die Hose zeigen werde. Wenn ich sie dir nicht zeige, dann trage ich sie erst nach deinem Tod. Das fühlt sich erst recht wie ein Verrat an. Ich habe auf einmal große Angst, dass dich dieser Hosenkauf verletzen wird, dass du ihn deuten wirst: »Stirb doch endlich, ich will wieder leben!«
   Ja, verdammt, ich bin es leid, hier mit dir zu leben.
   Meine Kraft ist fast am Ende.
   Ich will nicht mit dir sterben.
   Ich will leben!
   Verräterin! Schäme dich!
   Ich schäme mich.

Ich fühle mich schlecht.
Aber du willst diese Hose an mir sehen. Du willst, dass ich sie anziehe. Ach, wie besonders, wie außergewöhnlich ist der nun beginnende Spätnachmittag.

Deine Reaktion hat mich überrascht. Es ist dir vermutlich gar nicht in den Sinn gekommen, dass die rote Hose ein Protestkauf sein könnte. Dein Verhalten wird für mich eine Möglichkeit, mir selbst meinen Lebenshunger zu gestatten. Ich muss mich nicht schämen für diesen Kauf. Ich bekomme, was ich mir gewünscht habe. Mitten im Sterben bekomme ich einen Festtag! Ich habe mein Festtagsgewand mitgebracht, und du machst es mir dann zum Geschenk.

An diesem Abend, neben dir liegend, mit deiner Hand auf meinem Hosenbein, kann ich ins Wort bringen, wie schwer es mir fällt, mit meiner Kraftlosigkeit umzugehen. Ich kann – angetan mit der roten Hose und berührt von dir – meine Traurigkeit benennen. Ich kann klagen, wie schwer auch für mich dieser Weg ist, den wir gemeinsam gehen.

In den nächsten Tagen habe ich die Hose oft getragen. Ich fühlte mich, als hättest du mich in sie eingehüllt. Du machtest mir Komplimente, die mich mehr berührten, als es eine einfache Liebeserklärung vermocht hätte. Du hast diese Hose zu meinem »Tod-und-Leben-Kleidungsstück« gemacht. Auch wenn ich dir nach deinem Tod nah sein wollte, habe ich sie getragen. Deine streichelnden Hände sind wie genetische Fingerabdrücke für immer in diesen Stoff eingebrannt. Keinem Waschvorgang fallen sie zum Opfer. Die verschwiegenen Stunden des Abends sind in diesem Kleidungsstück konserviert. Und solange du noch lebtest, habe ich die Hose gerne für dich getragen. Deine Augen sollten Schönes sehen und deine Hände sich erinnern. Dein Herz sollte sich erfreuen. So war jeder Rote-Hose-Tag im Hospiz eine Verlängerung des Festes-mitten-im-Sterben.

DEZEMBER 2012
Zwei Wochen nach deinem Tod habe ich Mutter besucht und hatte eben diese Kombination an: rote Hose, lila Pullover. Sie sagte mir, dass unser Vater erwartet habe, dass sie nach seinem Tod als Zeichen der Trauer Schwarz trage. Sie fühlte sich daran gebunden.

JANUAR 2002
Wir – du und ich – sprachen nach der Beerdigung einer Freundin darüber, welche Farbe angemessen für eine Beisetzung sei. Eine Bekannte hatte eben zu dieser Beerdigung ein pinkfarbenes Kleid getragen. Es war ein Festkleid. Ich fand damals, es sei doch eine Überlegung wert, ob man als Christ nicht – der Auferstehungshoffnung wegen – Farbe tragen solle, zumindest aber das österliche Weiß. »Die Farbe der Trauer ist Schwarz. Zur Beerdigung gehört Schwarz«, sagtest du sehr entschieden. Wir haben oft über die Trauer gesprochen. Wenn ich dich fragte, ob man als Christ nicht weniger traurig sein sollte, dann sagtest du: »Abschied ist Abschied. Und ob ich Christ bin oder nicht: Ich muss mich verabschieden. Und das macht traurig.«

Trauer zu negieren oder gar sie zu überspringen, das ging für dich gar nicht. Du verwiesest dazu auf den Brief, den Dietrich Bonhoeffer Heiligabend 1943 aus dem Gefängnis geschrieben hatte: »Zunächst: es gibt nichts, was uns die Abwesenheit eines lieben Menschen ersetzen kann, und man soll das auch gar nicht versuchen; man muss es einfach aushalten und durchhalten; das klingt zunächst sehr hart, aber es ist doch zugleich ein großer Trost; denn indem die Lücke wirklich unausgefüllt bleibt, bleibt man durch sie miteinander verbunden. Es ist verkehrt, wenn man sagt, Gott füllt die Lücke aus; er füllt sie gar nicht aus, sondern er hält sie vielmehr gerade unausgefüllt und hilft uns dadurch, unsere alte Gemeinschaft miteinander – wenn auch unter Schmerzen – zu bewahren.«[36]

Ja, die Farbe der Trauer ist Schwarz. Zu deiner Beerdigung habe ich mich in Schwarz gehüllt.

Aber die Farbe der Liebe, der Leidenschaft und des Lebens ist Rot. Und ich lebe leidenschaftlich mit der Liebe, die niemals aufhört. So trage ich immer wieder Rot!

Und noch einmal zurück zu diesem Abend im November 2012.

Ich liege mit dir an diesem Abend im Bett, und dann maile ich noch, wie ich es allabendlich tue, und schreibe meiner Schwester J. von deiner Reaktion auf den Hosenkauf. Sie freut sich, findet, du habest einen guten Geschmack. Ich sehe sie lächeln. Meine Schwester, die keine Denk- und Handlungsverbote erteilt, hat mich zum Kauf ermutigt.

»Ja, dein Mann mochte diese Hose«, schrieb J. mir lange nach deinem Tod in einer Mail. Ob ich ohne sie so mutig gewesen wäre?

4. SEPTEMBER 2014

Dein Tod liegt fast zwei Jahre zurück, und ich verbringe mit der Schwiegerfamilie den Urlaub in der Toskana. An einem der Tage trage ich ein Kleid, das mein Schwager ein paar Wochen zuvor mit den Worten kommentierte:

»Bella figura«.

Er hatte im vorbereitenden Sprachkurs für diese Toskana-Fahrt gerade einen Kommentar über die Kleidungsgewohnheiten der ItalienerInnen gehört. Da er selbst sehr viel Wert auf seine Kleidung legt, gefiel ihm die Idee der bella figura.[37]

Heute wollen wir nach Siena fahren. Ich trage ein luftiges Sommerkleid. Oben auf der Außentreppe, die hinabführt von unserer Wohnung, bleibe ich einen Moment stehen. Der warme Wind umweht meine Beine und spielt mit dem leichten Stoff des Kleides. Den Sonnenhut trage ich in der Hand. Ich fühle mich schön. Ich sehe dich am unteren Ende der Treppe stehen. Ich sehe dich mit eben diesen vor Glück und Anerkennung geweiteten Augen, wie sie den Hosenkauf im Hospiz begrüßt haben.

Die Traurigkeit überfällt mich mit einem Mal, völlig unvorbereitet. Auf der Fahrt nach Siena fließen Tränen. Lautlos weinend sitze ich auf der Rückbank und bin froh, dass wir eine lange Fahrt vor uns haben.

Weiße Rosen auf schwarzem Grund

Ich trete hinaus in das Morgenlicht.
Mein schönstes Sommerkleid habe ich angezogen.
Du kennst es nicht.

Mich kleiden
weiße Rosen auf schwarzem Grund.

»Schön bist du, meine Königin«,
sagst du
strahlenden Auges und lachenden Munds.

Aber
du bist nicht hier.
Nur meine Sehnsucht lässt dich auferstehn.

»Ich bin keines Lebenden Königin«,
sage ich
verhangenen Auges und weinenden Munds.

Ich trage
weiße Rosen auf schwarzem Grund.

Am Ende meiner Kraft

HERBST 2012

Tag für Tag und Woche für Woche leben wir beide im Hospiz. Einmal täglich führt mich mein Weg nach Hause, wo ich ordne, sortiere, wasche, ja sogar nähe. Du drängst mich immer mal wieder, daheim zu duschen, damit der Wasserkreislauf in Gang gesetzt wird. Du erklärst mir, wie ich die Heizung auf Winterbetrieb stellen muss, denn das habe ich noch nie gemacht. Dazu fotografiere ich die Bedienungsseite, zeige dir das Foto, und du erklärst, welchen Knopf ich bedienen muss. Es geht. Du lehrst mich, wie ich die Bankgeschäfte zu erledigen habe, und dazu hocke ich auf dem Bett im Hospiz mit meinem Laptop. Du sitzt in deinem roten Sessel und beantwortest mir jede Frage. »Du fragst mich nicht mehr! Ist alles klar?«, stellst du irgendwann fest. Ja, ich bin eine gelehrige Schülerin gewesen. Nur macht es mir bis heute keinen Spaß, diese Dinge zu tun. Je länger unser Aufenthalt dauert, umso mehr füllt sich das Zimmer mit CDs und Büchern. Seitdem dich das Fernsehprogramm nicht mehr interessiert, allenfalls Natursendungen, und selbst das Interesse an der Weltpolitik schwindet, ich sogar deine geliebte Süddeutsche ungelesen wieder entsorge, kaufe ich ein Hörbuch. Zum abendlichen Ritual gehört es von nun an, »Winter der Welt« zu hören. Nebeneinander im Bett liegend, jeweils so lange, bis du ermüdest, hören wir nun jeden Abend einen Teil dieses Romans von Ken Follett, dessen Vorgängerroman du verschlungen hast. Mit der letzten halben Hörbuchstunde schließen wir am Mittwoch vor deinem Tod die Geschichte ab. Es ist immer mühsamer für dich geworden hinzuhören, aber du willst »es zu Ende hören«. Für ein weiteres Hörbuch fehlen dir Kraft und Interesse. Wie so vieles scheint auch das Zu-Ende-Bringen dieses Hörspiels einer inneren Uhr zu folgen.

Wenn ich neben dir im Garten, im Wintergarten oder später im Zimmer sitze, entsteht Fröbelstern um Fröbelstern. Neben meinem Bett steht eine Kiste voller Sterne. Über meinem Bett hängen sie aufgefädelt, und ich lerne den großen Fröbelstern und lehre einige der Schwestern, sie zu falten. Ich kann nicht untätig sein. Eine Schwester sagte mir neulich, ich sei für sie für alle Zeiten »die Frau mit den Fröbelsternen«.

Häufig sitze ich am Fußende des Bettes und schreibe Mails, erzähle von uns und unserem Befinden. Wenn du im Bett liegst, vor allem in den letzten Tagen, strecke ich mein linkes Bein aus und lege deine rechte Hand darauf. Ich verbinde mich mit dir. Von hier kann ich dein Gesicht sehen und jede deiner Reaktionen.

An der Patchwork-Decke, die ich im späten Sommer zu nähen begonnen habe, fehlen noch ein paar Nähte. Ich stelle sie daheim fertig und freue mich, dich damit zuzudecken. Sie ist in Beige und Taupe gehalten und durch dunkelrote Streifen akzentuiert. Sie gefällt dir. Sie fällt sogar deinem Doktor auf, und sie gefällt auch ihm. Wow.

Unter dieser Decke liegst du, wenn dir kalt ist. Unter dieser Decke liegen wir zusammen. Diese Decke wird als Lagerungshilfe genutzt, später, als du dich nicht mehr allein drehen kannst. Unter dieser Decke liege ich nach deinem Tod, wenn ich mich nach dir sehne. Später, gut ein Jahr nach deinem Tod, nähe ich von Hand eine weitere Decke, eine Decke aus deinen Hemden ...

Während deine Lebenskräfte abnehmen, nehmen auch meine physischen und psychischen Kräfte ab. Es geschieht eher unmerklich. Die Hosen werden weiter, und meine Müdigkeit wächst. Ich nehme es zunächst selbst nicht wahr. Erst als ich zunehmend gereizt werde und vermehrt heftige Migränen einsetzen, weist meine Ärztin darauf hin, dass dies alles Zeichen einer Erschöpfung seien.

Die Mitarbeiterinnen des Hospizes tun mir Gutes. Sie bereiten mir ein Bad mit Duft und Licht und Musik. Und so lasse ich mich verwöhnen. Sie fordern mich auch immer wieder auf, zwischendrin das Haus länger zu verlassen. Dass ich gehe – außer nach Hause, um nach dem Rechten zu schauen –, ist für dich schwer verständlich. Du willst mich in deiner Nähe haben. Ich will ja bei dir sein, aber ich spüre auch die andere Seite. Es ist die Seite an mir, die nach Leben schreit. Und es ist der leere Tank, der gefüllt sein will. Ich fürchte, dass ich zum Ende hin keine Kraft mehr haben werde. Ich will aber da sein, gerade dann, gerade am Ende.

Wie streitet man mit einem Sterbenden? Darf man das überhaupt? Wie kommuniziert man miteinander auf Augenhöhe und im Gleichmaß, wenn der eine den Tod und die andere das Leben, und zwar das Leben mit diesem Tod, vor sich hat? Darf ich Zeit für mich einfordern? Darf ich überhaupt an dich, den Sterbenden, Forderungen stellen? Muss ich nicht alle eigenen Ansprüche hintanstellen? »Solange du denken kannst, bist auch du dafür verantwortlich, dass es mir so gut wie möglich geht«, formuliere ich es einmal. Mit dieser Aussage verletze ich dich. Das spüre ich, und es tut mir weh. Aber ich nehme sie nicht zurück. Freund H. sagt mir später, es sei richtig, auch meine Bedürfnisse zu äußern.

Offensichtlich machen sich die Mitarbeiterinnen des Hospizes Sorgen um mich. Sie wissen, dass ich in ärztlicher Behandlung bin. Die Leiterin verbalisiert ihre Sorgen, dass ich nach deinem Tod zusammenbrechen würde. *Wie ich das Nachher schaffen würde, das war mir nicht klar, aber ich wusste, dass ich es schaffen wollte. Ich spürte, dass ich leben wollte!*

Schwester U. fragt mich ein paar Wochen nach Vaters Tod – es ist etwa Mitte Oktober –, ob ich nach seiner Beerdigung einmal wieder an seinem Grab gewesen sei. Als ich verneine, schlägt sie mir vor, ich solle dorthin fahren, denn noch seist du stabil. So würde ich einige Zeit diesen Ort verlassen können und vielleicht auftanken können, daheim, bei meiner Mutter. Diese Idee fällt mitten in meine Sehnsucht nach einer kurzen Auszeit. So melde ich mich zum samstäglichen Frühstück bei meiner Mutter an und fahre hin, obwohl du dich mit dieser Entscheidung schwertust. Du führst den Besuch deines Freundes an, der doch Kaffee brauche. »Der war schon so häufig hier und wird sich am Kaffeeautomaten selbst bedienen können. Oder er kann die Schwestern fragen«, erwidere ich.

Dieser Samstagvormittag bei meiner gerade verwitweten Mutter tut mir sehr gut. Meine Mutter ermutigt mich an diesem Morgen und gibt mir Kraft mit. Sie ist so sehr meine Mutter! Ja, sie ist für mich zu dieser Zeit mehr Mutter als trauernde Witwe! Ich bewundere sie für ihre Stärke und bin dankbar, dass es sie noch gibt für mich.

Ich weiß nicht, warum du dich so gesperrt hast. Ob du dir auf einmal nicht mehr sicher warst, dass ich dich bis zum Tod begleite? Mir scheint, du warst verunsichert. »Diese Frau tut nur, was sie will«, hast du immer schon über mich gesagt. Ich hatte es dir bewiesen, indem ich deinen Einwänden zum Trotz ins Sauerland gefahren war. Ich hatte getan, was ich wollte. Ach, mein Lieber, ich hatte nur getan, was ich brauchte. Mir war zu diesem Zeitpunkt allerdings nicht klar, dass du um mich fürchtetest, dass du Angst hattest, mir könne unterwegs ein Unglück zustoßen und wir sähen uns nicht mehr. Das hörte ich erst später von deiner Schwester. Warum hast du es mir nicht gesagt? Ich hätte so dankbar darauf reagiert. Es hat mich – später – verbal gestreichelt: Du machst dir Sorgen um mich. Du, der mir sagt, er glaube, dass ich es schaffe, mit deinem Tod zu leben.

Insgesamt habe ich ein gutes Gespür dafür, was ich brauche. »Du bist keine Novizin, und du weißt, was zu tun ist. Und du tust es doch auch. Du gehst gut mit dir um«, so hast du im Hinblick auf meine immer mal wieder aufbrechenden Depressionen gesagt.

Ach, Klaus, meine inneren Quellen drohten zu versiegen. Ich war fast leer.

Ich brauchte Tankstellen.
Ich ging zum Frisör.
Ich ging zum Osteopathen.
Ich ging spazieren.
Ich ging einkaufen.

Am schlimmsten war meine innere Zerrissenheit. Ich wollte dich nicht verlassen und konnte doch nicht immer bei dir sein. Wie schwer haben es all die Menschen, die ihre Lieben Wochen um Wochen, manchmal Jahre begleiten. Für mich gab es eine natürliche innere Grenze, als der Tank fast leer war. Glaub mir, ich habe mich gefürchtet, dass ich nicht erst nach, sondern schon vor deinem Tod zusammenbreche.

Unser Miteinander wurde kritisch in der vorletzten Woche deines Lebens. Vermutlich dachten wir beide voneinander, der/die jeweils andere sei egoistisch. Ich jedenfalls fühlte mich manchmal in meinen Bedürfnissen von dir nicht gesehen, und wenn du sie wahrnahmst, hattest du manchmal kein Verständnis dafür. Ich wünschte mir so sehr, dass du sehen könntest, dass nicht nur du einen schweren Weg zu gehen hattest, sondern ich auch. Heute quält mich manchmal die Frage, ob du wirklich gefürchtet hast, ich würde mich davonstehlen, weil mir Ausdauer und Willen zum Bleiben fehlten.

Nein, ich habe dir immer gesagt, ich bleibe bei dir und begleite dich. Aber ich spürte in mir auch, dass ich nicht mehr lange da sein konnte. Ich hatte so viele Augenblicke mit dir erlebt, in denen ein neuer Einbruch kam, der Tod nah schien, die Nacht unruhig wurde, ich auf deinen Atem lauschte, mich innerlich schon verabschiedet hatte. Ich war hoch konzentriert und aufmerksam. Ich freute mich, wenn du die Nacht überstanden hattest!

Als wir ins Hospiz gingen, hatte ich gedacht, dass ich 14 Tage später wieder daheim sein würde. Es wurde eine unerwartet lange Zeit, die wir beide dort lebten. Eine Zeit, die ich auch genossen habe. Anfangs wie eine weitere Hoch-Zeit und immer wieder wie Stunden schöner Flitterwochen. Vermutlich habe ich in den ersten Zeiten alle Kräfte hoch dosiert in unser Zusammenleben gegeben. Ich habe nicht gut gehaushaltet, weil ich doch auch nicht wusste, für wie lange die Kräfte würden reichen müssen.

Das Auf und Ab der Gefühle schwächte mich zunehmend. Irgendwann wünschte ich, dass sich die Situation nun endlich auflöse. Ich fürchtete tatsächlich, meine Kraft würde nicht mehr lange reichen. Und dann würdest du doch allein sterben müssen. Ich wollte eine Entscheidung. Leben und heimgehen: wir beide – oder sterben und heimgehen: ich allein. Mich diesen Gedanken zu stellen, war unglaublich schmerzlich. Ich schämte mich so sehr für meine Schwäche.

An jedem Abend sagst du vor dem Schlafen: »Danke für diesen Tag.« Ich bin gerührt und alles fällt ab, was mich von dir trennt.

In dieser Zeit, aber auch zuvor und danach war es wichtig, dass uns die Pastorin zur Seite stand. Du mochtest ihre empathische, kluge Art und freutest dich über jeden ihrer Besuche. Ihr habt miteinander

Theologie betrieben. Wenn deine Freunde kamen, habt ihr häufig mit ihr zusammengesessen und über Gott, die Welt, die Kirche gesprochen. Sie hat uns auch geholfen, einander nicht zu verlieren.

Die vorletzte Woche war für mich eine der schwierigsten Zeiten im Haus. Es war die Woche, in der du zunehmend bedürftiger wurdest. Du warst müder und schwächer. Mir schien es, als seist du selbst mit dir in diesen Tagen unleidlich.

An einem der Nachmittage sitze ich weinend an deinem Bett. »Ich weiß nicht mehr, was ich richtig oder falsch mache. Sag es mir doch einfach«, bitte ich dich. Du siehst mich traurig an und antwortest: »Du machst doch eigentlich alles richtig!« Was bedeutet das denn? Eigentlich? »Es ist für mich doch auch schwer«, beschließt du deinen Satz. Ja, verdammt, es ist so schwer. Es ist unendlich schwer! Ich weine und weine und flehe dich an, mir etwas Schönes zu sagen, das mich tröstet. »Ich liebe dich«, sagst du und schaust mich an. Das ist mehr, als ich in dieser Situation erwartet habe. Ich weiß, dass du mich liebst, aber du gehst nicht »inflationär« mit den Liebeserklärungen um. Das ist viel mehr, als ich erwartet habe, ja, und ich weine noch mehr.

Du musstest dich nun endgültig verabschieden von all dem, was du bis dahin noch in Teilen selbst hattest tun können. Du musstest anerkennen, dass deine Kräfte schwanden und du abhängiger wurdest. Du musstest schließlich auch dein Leben körperlich runden und wieder zum bedürftigen, voll pflegebedürftigen Menschen werden. In der letzten Lebenswoche verließest du dein Bett nicht mehr.

Erst mit deiner völligen körperlichen Entkräftung hast du mit der vorigen Phase abgeschlossen und wurdest gelassener. Als eine der berührendsten Zeiten erlebte ich die letzte Woche mit dir. Es ging schließlich so leicht, voneinander Abschied zu nehmen, dich gehen zu lassen, mit Tränen, ja, und mit großer Traurigkeit, aber auch gelöst. Als dir schließlich die Kraft zu leben völlig abhandengekommen war und du sehr einverstanden sterben konntest, war ich mit meiner Kraft ebenso am Ende. Ein Gedicht von Dorothee Sölle beschreibt mein Empfinden von damals:

Genauer wünschen lernen

In einem Rhythmus leben mit dir
über die gleichen Vögel lachen
zusammen aufstehen murren und arbeiten gehen
hungrig werden und mit dir kochen

In einem Rhythmus leben gegen dich
lieben wollen wenn du essen willst
diskutieren wenn du weinst
nüchtern sein wenn du dich betrinkst

Wünschen möchte ich lernen
mit dir und gegen dich
da sein möchte ich für dich
ohne mich aufzulösen

Dein bin ich und nicht dein
aber immer noch viel mehr dein
als ich je mein war
was man genau genommen
für einen Gottesbeweis halten kann[38]

Abide with me!

Wir beide haben wahrlich nicht nur Hoch-Zeiten in diesen Wochen erlebt. Wir haben umeinander gerungen und waren auf diesem Weg eins und uneins. So ist es wohl mit uns Menschen.

Wir beide liegen nebeneinander im Bett. Die Frisörin hat dir dein Haar geschnitten und deinen Bart gestutzt. Als sie am späten Vormittag kommt, habe ich den Eindruck, du hast diesen Termin in Vorbereitung auf ein Fest gewählt. Während du den Tag zuvor fast komplett verschla-

fen hast, bist du an diesem Tag, es ist ein Dienstag, wach, ausgeglichen, fast heiter. Und diese Stimmung hält den ganzen Tag an.

Es ist genau eine Woche vor deinem Tod. Der Abend ist einer der dichten Abende – ein Abend der Nähe! Ich lese dir ein Gedicht vor aus einem der Bücher, die ich im Wohnzimmer des Hospizes gefunden habe:

Dass ich mich nicht so gern entferne

Vergib mir, Herr,
dass ich nicht
allzu sehr erfreut heut
deinem Ruf
nach Hause folgen kann.
Denn du hast diese kleine
runde Welt so blau gemacht,
dass ich mich
nicht so gern
von ihr entferne.
Auch wenn sie richtig blau
erst aus der Ferne wirkt,
wie man hört.
Ich bin betört von meinem grünen
wirren Leben, an dem ich hänge
und das an mir klebt.
Wir sind untrennbar – unvermeidlich eins.
Du kannst das nicht so einfach dualieren.
Das kann nicht einer deiner Pläne sein.
Da bin ich sicher, lass uns noch mal zählen,
ob nicht in deinem Plan für mich
noch ein paar Jahre fehlen.
Wer soll denn,
wenn ich nicht mehr bin,
dir meine Worte leihen und die anderen

> Sinne, damit du lieben kannst,
> was du erschufst.
> Bleib du in meiner Art
> noch etwas hier,
> denn niemals mehr wird
> jemand diese Welt für dich
> mit meinen Augen sehen.
> Vergib mir, Herr, dass ich nicht
> allzu sehr erfreut heut
> oder morgen
> deinem Ruf nach Hause folge.
> Doch wenn du meinst,
> dass ich genug vom Blau gekostet habe,
> gib mir die Ahnung einer neuen Farbe,
> die noch die Lücken meines Lebens webt.[39]

»Ja«, sagst du, »so ist es! Denn niemals mehr wird jemand diese Welt für dich mit meinen Augen sehen.«

Ich schicke eine Mail an die Schwiegerfamilie. Nachdem sie dich tags zuvor nur schlafend erlebt haben, will ich sie Anteil nehmen lassen an diesem Tag, an dem du entspannt und ruhig und wach bist. Der Schwager schickt eine empathische Mail zurück. Offensichtlich ist unsere Stimmung angekommen. Und er hängt eines seiner Lieblingslieder – mit Text und Ton – in den Anhang, in der Hoffnung, dass mein kleines Netbook das Lied hörbar machen wird:

> Abide with me; fast falls the eventide;
> The darkness deepens; Lord with me abide.
> When other helpers fail and comforts flee,
> Help of the helpless, O abide with me.
> …
> Hold Thou Thy cross before my closing eyes;
> Shine through the gloom and point me to the skies.
> Heaven's morning breaks, and earth's vain shadows flee;
> In life, in death, O Lord, abide with me.[40]

Leise nur ist das Lied zu hören. Es wird gesungen vom Choir of Kings College, Cambridge (Weißt du noch, als wir dort waren ...?). Die Interpretation ist von einer berührenden Schönheit. Dieses Lied haben wir nie zuvor gehört. Seine Melodie und sein Text passen so genau in diese Zeit, in diesen Abend, in diesen Abschied, so klärend, so treffend, dass ich sehr mitschwinge.

Aber der Lautsprecher des kleinen Gerätes lässt sich nicht weiter hochfahren.

Ich hole die Kopfhörer, schließe sie ans Netbook an und reiche dir die Stöpsel. Das Kabel ist nur kurz, so liege ich mit dem Netbook nah bei dir. Ich steuere die Lautstärke, denn die 3. Strophe ist leise. Da liegst du und hörst zu, und mir scheint, dieses Lied umhüllt dich. Die Melodie, die Stimmen in den Strophen verschieden zusammengesetzt, der junge Solosängerknabe in der 3. Strophe im klarsten Kindersopran singend – der Text – all das scheint sich wie ein weiches zartes Gespinst um dich zu legen. Die Worte »Verzückung«, »Verklärung«, »Versenkung« fallen mir ein, aber sie treffen nicht wirklich das, was ich wahrnehme. Dein Aussehen ist das eines Menschen, der nicht ganz hier ist. Gelingt es durch die Musik, das Tor zur anderen Welt zu öffnen?

Ich finde dich schön zu dieser Stunde! Du bist schön! Ich liebe dich in deiner fast aufgelösten Gelassenheit heute Abend.

Über diese Liedlänge, fünf wunderbare Strophen lang – nehme ich etwas wahr an dir, für das ich kein Wort habe. Ich liebe dich mit allen Gefühlen, die mir an diesem Abend zu Verfügung stehen, spüre tiefe Zärtlichkeit. Bin ich gerade Zeugin eines Moments, in dem du, der Sterbende, das Hinübergehen in das »ganz Andere« probst? – Fünf Strophen lang scheinst du auf den Wellen dieser Stimmen zwischen hier und dort zu schaukeln. Dann ist der Zauber vorbei, und du kehrst zurück in das Hier und Jetzt.

Du wünschst dir ein Eis, und ich hole es uns aus der Küche – die altbekannten Sorten: Vanille, Schokolade und Erdbeere. Es schmeckt uns. Es ist dein letztes Eis. Als die Nachtschwester – heute ist es S. – kommt, bittest du sie, einen Spiegel zu holen, damit du dein gestutztes Haupt- und Barthaar bewerten kannst. Du bist einverstanden mit deinem Aussehen.

Ja, heute machst du dich bereit für dein Fest des Hinübergehens! Eigentlich ist es ein eigenartiger Gedanke, dass dieser Tag ein Festtag sein könnte.

Aber es stimmt für dich. Du wirst deinen Körper gepflegt hinterlassen, wenn du gehst. Du weißt, dieser Körper, der dann der deine gewesen sein wird, wird angesehen. Ein letztes Bild von dir, wie du als Toter aussiehst, wird in den Erinnerungen derer leben, die sich verabschieden werden.

Du siehst gut aus! Gnädig war die Krankheit mit dir, zumindest von außen. Du hast keine äußeren Wunden. Dein Körper ist außen heil. Und warum solltest nicht auch du dieser Hülle eine dankbare Pflege zuteilwerden lassen. Versöhnende Gedanken – Dankbarkeit dafür, in diesem Körper in der Welt zu Hause gewesen zu sein.

Und du bist schön von innen – heute Abend besonders.

2013–2015

Seltsam genug, wie häufig mir in der Folge das *Abide with me* begegnet. So wird in der Kirche St. Agnes, die mir nach deinem Tod ein wenig zur Heimatkirche geworden ist, ein monatlicher »Evensong« eingeführt. An meinem ersten Geburtstag ein knappes Jahr später gehe ich abends zu dieser musikalischen Andacht. Im Jahr zuvor hatte ich an diesem Tag an Vaters Grab gestanden. Zum Abschluss dieses Evensongs singt die kleine Schola: *Abide with me*. Die Tränen laufen.

Später, als das neue Gotteslob eingeführt worden ist, singt die Schola das Lied in abgewandelter Form aus diesem Gesangbuch.[41] In der Osterzeit singt die Gemeinde es ebenso, jetzt in der Übersetzung als Osterlied.[42] Und neulich finde ich in einem neueren Buch über Dorothee Sölle das *Abide with me* in allen seinen Strophen als eines ihrer Lieblingslieder abgedruckt. Es tut gut, dass diese zarte, großartige, lebendige, mystische, politische, leidenschaftliche Theologin, deren Gedanken nicht nur in den Büchern in deinen Regalen standen, sondern dir wichtig waren, dass diese Frau auch dieses Lied mochte. Es verbindet. Es schafft »Verwandtschaft«.

Ja, das *Abide with me* – Herr, bleib bei uns – steht für alle Zeiten über diesem Abend! Es ist ein Emmaus-Lied: »Brannte uns nicht das Herz in der Brust?«[43] Und die Emmaus-Perikope ist meine liebste Ostererzählung. Selbst wenn ich beim Anhören dieses Liedes weine. Es schmerzt kaum noch. Eher hilft es zu verschmerzen. Meist singe ich mit: »Herr, bleib bei uns!«

Ein evangelisches und ein katholisches Kind

22. NOVEMBER 2012

Wenige Tage vor deinem Tod wachst du am späten Nachmittag auf und sagst mir: »Maria, ich möchte, dass an meiner Beerdigung ein evangelisches Kind und ein katholisches Kind teilnehmen.« Ich überlege einen Moment und mir fällt ein: »H. wird da sein, dein katholisches Patenkind, und M., mein evangelisches Patenkind.« Diese Antwort scheint dir zu genügen. Danach bist du wieder in der (für mich) realen Welt.

Immer mal wieder gibt es in diesen letzten Tagen Situationen, in denen ich nicht weiß, aus welcher Welt, aus welcher Realität du deine Gedanken und Anfragen nimmst. Aber ich gehe mit. Ich stelle deine Gedanken, deine Aussagen nicht mehr infrage. Dazu hat mich Schwester S. ermutigt. Noch einige Nächte zuvor, als du der Nachtschwester sagtest, sie habe dich aus einem Gespräch mit deinem alten Chef gerissen, war ich verwirrt und sagte dir, dass der doch schon lange tot sei. Die Nachtschwester erklärte mir später, dass du vielleicht Kontakt aufnähmest mit der anderen Welt.

»Maria, wo sind wir hier?«, willst du eines Abends von mir wissen. Ich erkläre es dir. Aber meine Antwort scheint dich nicht zu erreichen. Du fragst mich, ob ich nicht auf das Dach des Hauses steigen könne, um zu sehen, wo wir seien, und es dir dann erzählen könne. Ich denke nach, welche Antwort ich dir geben kann, und weise auf die Dunkelheit hin. Ich ziehe die Vorhänge zur Seite, damit du die Dunkelheit sehen kannst. »Wenn es hell wird, werde ich nachschauen.« Diese Aussage genügt dir. Als der Morgen kommt, ist dieses Ansinnen vergessen. Du weißt wieder, wo du bist.

»Wo ist denn Maria?«, fragst du an einem anderen späten Nachmittag. Das verletzt mich einen Moment. Ich sei doch da, sage ich. Doch du hältst mich für deine Schwester, die eben heimgefahren ist. Du erkennst mich nicht, und auf meine Antwort hin schaust du mich verwirrt an. »Ach, weißt du«, sage ich, »wichtig ist doch, dass jemand da ist, der dich lieb hat.« Deine Verwirrung weicht. Deine Mimik entspannt sich. Du bist ruhig, und dann kommst du auch wieder in dieser Welt an.

Selten nur habe ich solche Situationen mit dir erlebt, und ich staune darüber, dass dein Erleben und deine Gedanken immer wieder in Zeit und Raum zurückfinden. Ich bin dankbar dafür, dass du bis in die Nacht deines Todes anwesend warst.

Wintergärten – Himmelssichten

DONNERSTAG, 22. NOVEMBER 2012

Du liegst in deinem Bett im Wintergarten. Das Glasdach gibt den Blick in den Himmel frei. Du liegst ruhig unter der Patchwork-Decke, die dich jetzt schon ein paar Wochen wärmt. Ich habe »unsere CD« eingelegt. Mit Bach die Stille erleben![44] *Manchmal, wenn ich Musik höre, sehe ich Bilder vor mir. Diese Musik wirkt auf mich wie ein leichtes Tuch aus Fallschirmseide in den Farben blauer Gelassenheit.*

Du schaust nach oben. Deine Augenlider schließen sich selten. Mein Blick hängt einen Moment an deinen langen, schön geschwungenen Wimpern. Ich sitze neben dir auf einem Stuhl und lege den Kopf neben den deinen auf dein Kissen. »Ich möchte sehen, was du siehst«, sage ich zu dir: Wolkenbewegungen, Weite, Bläue, Grautöne, Lichtschein, das, was wir Himmel nennen, zugleich die Begrenzung dieser Erde.

Ich sehe zu dir hin. Du siehst mehr als ich.
Du schaust hindurch. Verrückt? Entrückt?
Ich sehe wohl nicht, was du siehst.
Ich sehe aber dich, und dass du gelöst bist.
Es erfüllt mich eine Zeit lang mit tiefem Frieden, wie du hier liegst.

Schon ein wenig dort?
Du kannst auf jede Frage antworten. Du bist also noch hier.
So liegst du auch wieder am Nachmittag, als deine Familie kommt und wir in eben diesem Wintergarten Kaffee trinken. Vor knapp zehn Wochen saßest du noch im Rollstuhl, wenn wir zusammen in diesem Raum waren. Du bist auch an diesem Nachmittag nicht nur körperlich anwesend, sondern auch mit deinen sprachlichen Beiträgen, die heute aber spärlicher ausfallen als sonst. Ich weiche nicht gerne von deiner Bettseite.

AUGUST 2012

Im Sommer – nur vier Monate zuvor – saßest du auf der heimischen Terrasse und schautest in den Himmel. Kurz bevor das Feuerwerk im nahe gelegenen Park Zacken und Blumen in den Himmel malte, bevor Kaskaden von Lichtern niedergingen und sich im Dunkeln verloren, gingst du jedoch ins Haus. Ich blieb im Garten.

Vermutlich passte dieses explosive Schauspiel nicht zu deiner Stimmung, die an diesem Abend viel Innerlichkeit signalisierte. Ach ja, der Abend war eigenartig für mich, traurig auch.

Nachmittags war ich ohne dich bei einem Gartenkonzert gewesen und traf dich beim Heimkommen auf der Terrasse an. Ich trug noch das lavendelfarbene, lange Sommerkleid, setzte mich zu dir, erzählte und beschrieb den Musiker, die Gäste und vor allem auch den schönen Garten. Ich zeigte dir die Fotos des Nachmittags und legte dann den Fotoapparat auf den Tisch.

Es war August, und die Dämmerung hatte schon früher eingesetzt. Vor dir stand ein Glas Wasser, und ich entzündete eine Kerze. Du schautest in den Himmel, lange, und warst still. Deine Stimmung war ruhig und gelassen.

Ich stehe auf, spiele mit dem Fotoapparat, zoome Blumen heran und schwenke mit dem Apparat zu dir hinüber. An diesem Abend scheint es dich nicht zu interessieren, dass ich dich ins Bild setzen will. Weder setzt du dich in Szene noch winkst du ab. Du lässt es einfach geschehen. Dein Blick hängt in den Sternen, hinter den Wolken. Es gibt kaum Wimpern-

schläge. Ja, wo eigentlich hat dein Blick gerade Halt gefunden? Du irrst nicht umher. Ruhig bist du und ganz bei dir. Da ist keine Traurigkeit spürbar, eher Ernsthaftigkeit und zugleich eine friedliche Stimmung. Es rührt mich. Aufkommende Tränen schlucke ich hinunter. Ich fühle mich mit einem Mal einsam. Du sitzt noch da, neben mir, aber du bist meilenweit entfernt. Du hast mich nicht mitgenommen, und ich kann auch nicht nachkommen. Du erwartest mich auch nicht.

An anderen Tagen hattest du den Garten angeschaut und die blühenden Blumen und dein Empfinden benannt. Manchmal war Wehmut das vorherrschende Gefühl gewesen. An diesem Abend war nichts dergleichen spürbar. Dein Blick ging über die Blumen und den Garten hinaus, dort ruhten deine Augen, und ich fühlte mich grenzenlos verlassen. Vorweggenommene Einsamkeit rumorte in mir. Irgendwann würde mehr als dein Blick fehlen. Irgendwann würdest du nicht mehr leibhaft neben mir sitzen. Das ist abschiedliches Leben, dachte ich. Und es ist für dich anders als für mich.

Du gehst hinein. Eine Weile sitze ich noch draußen und schaue auf die Fotos, die ich an diesem Abend gemacht habe. Sie reihen sich auf dem Fotoapparat nahtlos an die des Nachmittags. Wie gegensätzlich die Stimmungen auf den Bildern sind. Quirliges, sprudelndes, lautes Leben am Nachmittag und ich mittendrin, umgeben von einer Gruppe offener, gut gelaunter Menschen, bei Kaffee und Kuchen.
Was hast du gemacht während der Zeit?
Hast du schon den ganzen Nachmittag allein hier draußen gesessen?
Ich habe dir mein Erleben mitgebracht, aber es hat dich nicht erreicht. Du warst in einer stillen Wolkenwelt unterwegs. Es fühlt sich so ungleichgewichtig an in mir. Ich teile mit. Du tust es nicht.

Knapp zwei Jahre zuvor hatte ich dir glücklich von meinem ersten Treffen mit einer interkulturellen Frauenrunde erzählt. Wir saßen am Esstisch. Du weintest: »Du kannst deine Aktivitäten ausweiten, und ich muss sie einschränken«, sagtest du damals. Dabei warst du es gewesen, der mich zuvor ermutigt hatte, diese Gruppe zu besuchen. »Du brauchst Kontakte, wenn ich nicht mehr lebe«, das waren deine Worte gewesen. Gerade mein Interesse an interkulturellen Themen fandest du dort gut aufgehoben.

Das Feuerwerk im Maxipark beschließt meinen Tag. Ich geselle mich nicht zu den Nachbarn, die wie in jedem Jahr auf der Straße stehen, sondern stehe allein im Garten. Ich will auch noch nicht hineingehen. Ich will dir meine Traurigkeit heute nicht zeigen.

NOVEMBER 2012

Du blickst in den Himmel im Wintergarten des Hospizes im späten Herbst. Wir wissen es nicht an diesem Tag: Du wirst nur noch fünf Tage leben. Dieser Blick hat nicht mehr die Macht, Tränen in meiner Kehle aufsteigen zu lassen. In diesen Stunden sind wir wie zwei Saiten auf einem Musikinstrument, die miteinander schwingen. Und doch sind wir nicht EINS. Im Rhythmus deines Lebensatems kann ich heute gut mitschwingen. An diesem Tag sind wir beide im gleichen Schritt unterwegs und auf gleicher Weghöhe. Wir sind einander nah. Ich lese dir eine Gedichtzeile von Rose Ausländer vor: »Dich zu verlassen, bangt mein Menschsein / doch sind nicht alle Himmel aufgetan...«[45]

MAI 2015

Und nun sitze ich bei Regen in einem ganz anderen Wintergarten, in dem der Ferienwohnung in Bensersiel, wo ich mit Schwester und Schwager eine Woche voller Wohlgefühl erlebe. So ist es verständlich, dass ich die Blumen der Erinnerung zum Blühen bringe. Und, ja, ich hege und pflege diese Blumen.

Hier kann ich gut über Himmelsblicke schreiben. Es stürmt und regnet, und ich sitze drinnen. Die Wettergewalten können mir nichts anhaben.

Wie gut, denke ich, dass das Hospiz über einen Wintergarten verfügt. Wie gut für einen Bettlägerigen, wenn er auch im Winter über sich den Himmel sehen kann.

Zwischen dem Himmelsblick im eigenen Garten und dem im Wintergarten des Hospizes lagen mehr als vier Monate. Beim Schreiben habe ich einen großen Bogen gespannt und verbinde den Sommergarten daheim mit dem Wintergarten im Hospiz. Es ist für mich ein Déjà-vu. Ich deute es so, als sei dein Sommerblick schon eine Vorwegnahme, eine Vision gewesen und ein heiler Abend – gar ein heiliger Abend. Eine Insel in den schweren Abschiedszeiten. Eine Insel, auf der du Ruhe und Gelassenheit spüren konntest.

Ich erinnere mich an die Wettererfahrungen im Wintergarten des Hospizes – dort sitzt oder liegt man, erlebt Helligkeit und Dunkelheit, Sturm und Wind, Sonne und Regen und sogar Schnee und Hagel und Gewitter. Aber nichts davon fühlt man mehr auf der Haut. Es ist ein wundersamer Durchgangsort aus dem irdischen Leben: nur noch gedämpft hereingeholt in das ewige Leben.

Dein Professor Welte, in dessen Buch ich in diesen Tagen blätterte, bietet mir eine weitere Erklärung für das an, was sich in dir abgespielt haben könnte. Er formuliert seine Gedanken unter der Überschrift »Gebet des Schweigens«, das für ihn eine Sammlung aus der Zerstreuung bedeutet. Diese Sammlung lasse alles ein, was immer sei. »Sie ist mit allem und mit dem Ganzen in lautlosem Einklang«[46], schreibt er, und sie sei so nicht weltlos, aber weltfrei, das heißt: nicht weltverfallen. Es sei eine Sammlung der inneren und der äußeren Welt, führt er weiter aus.

Die Religionsphilosophie war deine Leidenschaft, mein Liebster in der Ewigkeit, und diese Gedanken sind eine Hommage an deinen Lehrer und an dich, den Philosophen. Du würdest diese Deutung unterstreichen. Mir, mein lieber Denker, liegt das Philosophieren nicht, aber die Gedanken, die ich hier lese, erfüllen mich mit Staunen. Ja, spricht nicht alles dafür, dass deine Himmelsblicke als Gebete des Schweigens, Gebete schweigender Sammlung zu sehen sind, die sich öffnen »über alle Welt hinaus in den Abgrund der Gottheit, die lautlos alles umfängt«[47]? ... In den Ab-GRUND der Gottheit, die lautlos alles umfängt.

Exuvie

Im Juni 2013 begegne ich der Trauerbegleiterin zum ersten Mal und spüre gleich, wie gut mir die Zeit tut, in der ich meine Gedanken und Gefühle vor jemandem ins Wort bringen kann. Diese Frau weiß, wie sie mir den Raum öffnet und den Gefühlen und Gedanken begegnet. Ich erlebe einen zugewandten und sehr aufmerksamen Menschen, der durch die vorbereitete Umgebung schon mitteilt, dass ich erwartet und willkommen bin. Beim ersten Treffen fordert sie mich auf, ein Foto von dir mitzubringen, hinzustellen und eine Kerze anzuzünden.

Ihr verdanke ich viele Hinweise und Ideen, die ich mir sofort zu eigen machen kann und in meiner Weise nutze, um meine Trauer auszudrücken. Sie ist es, die mich erstmals auf Labyrinthe als Symbole für das Unterwegssein hinweist und mich auffordert, mir eines zu legen und es zu gehen.[48] Und sie ist es, die mir zu einer unserer Stunden eine Exuvie mitbringt, diese pergamentene Hülle, diese Larve einer Libelle, diesen abgelegten Mantel. Es fällt mir nicht schwer, die Metamorphose von der Larvenform zur Libelle als Analogie zu verstehen für das, was Auferstehung meinen könnte. Leben in einer anderen Seinsweise. »Was weiß das Wassertier vom Fliegen?« Ich bekomme ein Exemplar dieser zerbrechlichen Exuvie geschenkt und bette es daheim auf ein Wattekissen und später in eine durchsichtige Schachtel, bevor ich es an den kleinen naturbegeisterten Nachbarn verschenke.

Einmal fand ich abends eine kleine Libelle im Bad. Ich musste lächeln, weil ich sie nun mit anderen Augen anschaute, wissend, was sie hinter sich hatte.

Einmal saß ich weinend auf der Wiese hinter deinem Grab.[49] Ich war gerne dort, wenn die Sonne schien. Ich hatte die beiden Steine deines Gabmals im Blick. Ich hatte Sehnsucht nach dir, Heimweh, und fühlte mich sehr allein. Da flog eine große grüne Libelle vorbei, die mich immerzu umkreiste. Ich schaute ihr hinterher, und sie blieb lange in meiner Nähe. Mir schien, sie blieb so lange, bis ich ihre Botschaft verstanden hatte. Ich übertrug, was ich von diesem Lebewesen nun wusste, in Worte, die ich sie sagen ließ: »Alles ist gut. Schau, was möglich ist. Mein Hemd habe ich zurückgelassen, leer. Für die neue

Seinsweise hat es nicht gepasst. Ich wäre nicht, die ich bin, wenn ich nicht die Exuvie zurückgelassen hätte.« Da weinte ich noch mehr. Aber es tat so gut.

Hochzeitstag – the last Mon Chéri

23. NOVEMBER 2012

Es ist später Nachmittag vor unserem Hochzeitstag. Wir sind inzwischen seit mehr als neun Wochen hier. Die Zeichen stehen auf Abschied. Endgültig. Die Haare sind frisiert, du schläfst viel. Prognosen wagt niemand. Ich habe eine dicke rote Kerze gekauft und einen Strauß bunter Blumen, die ich an deine Bettseite stelle. »Lass uns die Vesper des Hochzeitstages begehen. Wer weiß, ob wir ihn morgen noch erleben«, sage ich zu dir und zünde mit deinem Einverständnis die Kerze an.

In der Mittagszeit erwartest du deinen Doktor, der sich zu dir ans Bett setzt. Ihr unterhaltet euch. Er fragt natürlich nach deinem Befinden. Es gehe dir gut, sagst du. Dann schläfst du ein. Dein Doktor bleibt noch eine Weile neben dir sitzen. Er und ich, wir schauen auf dich, wie friedlich du liegst und schläfst. Dann steht Dr. K. auf und verabschiedet sich mit den Worten: »Lassen wir ihn gehen.« Ja, ich bin einverstanden. Du darfst gehen. Du wirst gehen. Bald, wenn du willst.

Anderntags kommen deine Familie und ein paar Freunde, und du sagst: »Ich bin immer noch für eine Überraschung gut. Ich lebe noch. Wir feiern heute Hochzeitstag.« Als C. fragt, ob ihr euch noch mal sehen werdet, sagst du: »Wer weiß.«

Am Abend unseres Hochzeitstages willst du mit mir anstoßen. Ich verstehe nicht so recht, ob du Wein haben möchtest oder ob du um alkoholfreies Weizenbier bittest, das du gern magst. Du hast in diesen Tagen fast gar nichts mehr gegessen und sehr wenig getrunken. »Ich möchte mit dir ein Mon Chéri essen«, sagst du, »the last Mon Chéri.«

Wir zelebrieren das Auswickeln, schieben uns die schokoladige Pra-

line jeweils langsam in den Mund und lutschen, bis die Schokolade geschmolzen ist und die alkoholgetränkte Kirsche zu schmecken ist. Jetzt kann man auch kauen. Wir sehen einander zu, und dann schließt du genussvoll die Augen. Noch einmal den alten Ritus ausführen und Mon Chéri genießen. Noch einmal spüren, was dir im Leben geschmeckt hat. Noch einmal verbunden sein durch den gleichen Geschmack. Exakt zur gleichen Zeit schmecken, was der/die andere schmeckt. Wertschätzen, was wir geteilt haben.

Mag sein, die Medikamente beeinträchtigen diesen Genuss. Dann lässt du dir jedenfalls nichts anmerken.

Wie intensiv ist dieser Genuss-Moment an diesem letzten Hochzeitstag. 29 Hochzeitstage haben wir begangen. An besonderen Hochzeitstagen gab es edlere Geschenke, aber zu jedem Hochzeitstag – immer – gab es diese Pralinen! »Ich habe noch Mon Chéri«, sage ich und weise auf die Schublade hin. »Nein«, antwortest du, »the last! Das war das letzte!« – »Ich werde immer an dich denken, wenn ich Mon Chéri esse, oder ich esse sie, wenn ich an dich denke«, verspreche ich dir.

Es war das letzte Mon Chéri, das du in deinem Leben gegessen hast. Und es war das Letzte, was du überhaupt je gegessen hast. Von diesen beiden letzten Liebespralinen klebe ich die Verpackungen in mein Hospizbegleitbuch.

Am Abend hilft dir Schwester S. bei der Lagerung. Du bist zu müde und zu schwach, dich selbst herumzudrehen. »Soll ich Sie zu Ihrer Frau herumdrehen?«, fragt sie. Da blitzt noch einmal dein unvergleichlicher Humor auf: »Die schläft ja doch gleich!«, antwortest du. »Also soll ich Sie zu mir herumdrehen?«, schlägt S. vor. Woraufhin du erwiderst: »Sie gehen ja gleich!«

Zum Ende dieses Tages, von dem ich nicht geglaubt hatte, dass ich ihn mit dir noch einmal erleben, sogar feiern würde, ist mir klar, dass du einen inneren Zeitplan hast. Du bist dir dessen vermutlich selbst nicht bewusst. Aber es scheint, als könntest du deinen Abschied, deine Abschiedszeit, dein Sterbedatum steuern. Wir – deine Familie, meine Familie und ich – glauben, dass du diesen Hochzeitstag erleben und gestalten wolltest![50]

Nachdem du unseren Hochzeitstag überlebt und gelebt hast, ahnen wir, dass du den 100. Geburtstag deines Vaters, der schon seit mehr als 20 Jahren tot ist, als Abschiedstag wählen könntest. Du hattest dir ein Jahr zuvor vorgenommen, falls du noch genug Lebenskraft haben würdest, diesen Tag als Familienfest zu gestalten. Dieser Tag würde den Hagenschneiders gehören. Und dieser Tag ist auch der Gedenktag unserer kirchlichen Feier zur Hochzeit. Unfassbar, dass du deinen inneren Zeitplan einhalten konntest.
Mon cher!

Der Tag der Segnungen

26. NOVEMBER 2012
Am Abend vor deinem Tod, an diesem letzten Lebenstag, sagst du zu mir: »*Du musst diesem Tag einen Namen geben.*«

Ich habe lange keinen Namen gefunden für diesen Tag, doch irgendwann war er da: der Tag der Segnungen.
Es war so viel Segen im Raum, zwischen uns, bewusst verteilt, gegeben, empfangen, gespürt.

Wo immer Gutes gesprochen, gefühlt, gewünscht oder gebetet wird, wo immer Respekt, Zuneigung, Wohlwollen, Güte, Mitgefühl, Würde, Demut, Vertrauen
und die Bereitschaft des Gebens und Nehmens herrschen, da entspringt dieser Fluss des Segens, erhält Zufluss,
beginnt zu wachsen und wird zu einem großen Strom.
Dieser Fluss ist der große Segen, in allem und über allen und durch alles hindurch.
In allem ist ein Wunder.
Etwas Größeres, als zu sehen ist.
Etwas Sensibleres, als zu fühlen ist.
Etwas Schöneres, als zu spüren ist.

Über allem ist ein Segen.
Etwas Sanfteres, als wir kennen.
Etwas Kräftigeres, als wir wahrnehmen.
Etwas Klareres, als wir glauben![51]

Am Morgen nach einer Nacht mit rasselndem Atem und vielen Atemaussetzern liegst du wieder ruhig in deinem Bett. Der Pfleger bietet dir »beruhigende Waschungen«[52] an, die du gerne annehmen möchtest. Er rückt die Betten auseinander, sodass er dich von allen Seiten gut erreichen kann. Nachdem er dich entkleidet hat, deckt er deinen Körper Stück für Stück mit Handtüchern zu, sodass du nicht auskühlst. Er bringt eine Schüssel, in der Kondensmilch und Lavendelöl vermischt sind, taucht zwei Waschhandschuhe in die gut duftende Waschlotion, nimmt das Handtuch von deinem rechten Arm und wäscht dich mit seinen beiden behandschuhten Händen. Von oben abwärts, sanft massierend. »Herr Hagenschneider«, spricht er dich dabei an, »ich wasche Ihnen jetzt den rechten Arm. Ich beginne oben.«

Du liegst da. Ich schaue aufmerksam auf dein Gesicht. Deine Augen sind geschlossen. Dein Gesicht ist entspannt. Ich sitze wie in einem eindrücklich gefeierten Gottesdienst auf meiner Bettkante und wage es nicht, den Blick von dieser Zelebration zu nehmen. Es ist wie eine heilige Handlung. Nein, nicht wie – es ist eine heilige Handlung.

Mir fällt die Ostererzählung ein. Die Frauen, die sich auf den Weg machten, den Leichnam Jesu zu salben ...[53]

Hier wirst du als Lebender gesalbt. Du, noch in diesem Körper zu Hause, alle Sinne offen, berührbar bis auf die Unterhaut, spürst, wie diesem Körper und damit dir Gutes getan wird. Es ist eine große, dankbare Salbung.

Sauber bist du ja schon. Dies ist mehr und etwas anderes als Säubern. Der alte Ritus der »letzten Ölung« fällt mir ein. Wie wunderbar, dass dein ganzer Körper gesalbt, geölt, gewürdigt, bedankt wird.

Es waren immer wieder diese Momente im Zusammensein mit dir, aber auch in der Begleitung durch die MitarbeiterInnen des Hauses, in denen ich andächtig und ergriffen dasaß. Ich schaute zu und war mittendrin in einer heiligen Handlung. Du warst wach in deinem Körper, ganz körperlich anwesend, berührbarer lebendiger Mensch.

JULI 2015

Heute berührt mich ein Bild in einem Gedicht über Kinderhaut von Andreas Knapp. Er spricht davon, dass sie wie »barfuß am ganzen Körper« seien.[54] Das passt wunderbar in meine Erinnerung an diese Situation kurz vor deinem Tod. Du warst barfuß am ganzen Körper. Alle deine Hautkanäle waren offen für wohltuende Wahrnehmungen bis in die Tiefe.

Als der Pfleger dann dein Betttuch wechselt, darf ich mich vor die Bettseite stellen, den hinteren gelösten Betttuchrand über dich hinweg in die Hände nehmen und dich damit zu mir hinziehen und langsam zurückrollen lassen. Ganz sanft. Ganz langsam. Hin und her. Ich schaukle dich in diesem Tuch so, wie ein Kind im Mutterleib gewiegt wird. Das Tuch wird zur schützenden Haut über der Haut.
Da stehe ich.
Ich wiege meinen Mann. Ich wiege den, der nicht mehr lange leben wird. Mein Herz zerspringt fast vor Liebe zu dir und vor Glück.
Der Pfleger schiebt das frische Betttuch von hinten unter jenes andere, das gerade deinen Körper eingehüllt hat.
Dann zieht er dich wieder an, wobei er dein T-Shirt hinten aufschneidet, damit er es dir von vorn leicht anziehen kann.
Du schläfst ein. Ruhig und gut.
Irgendwann wachst du auf, und ich setze mich zu dir an dein Bett. Wir schauen uns lange an, und wir schauen und schauen, und keiner von uns beiden will den Blick senken. Es ist wie ein vertrautes Spiel, dessen Regeln wir kennen: »Wer nimmt als Erste/r den Blick weg? Wer hält ihn am längsten?« Und wir schauen. Alle Liebe, die mir gerade zufließt, lege ich in diesen Blick, bis du mit wirklich schon schwerer Stimme sagst: »Maria, ich muss dich verlassen.« – Pause – »Ich möchte mich bei dir bedanken.« – Pause – »Ich liebe dich.« Ich bin gerührt. Die Tränen fließen.
Auch alle meine Sinne sind offen. Dann sage ich dir, dass ich es sehr mutig finde, dass du so lange gewartet hast mit dieser schönen Liebeser-

klärung. *Es hätte ja sein können, du hättest keine Stimme mehr gehabt oder keinen klaren Gedanken mehr fassen können.*

Ich lese dir dann den Brief vor, den ich einen Monat zuvor als Abschiedsbrief geschrieben habe und in deine Nachttischschublade gelegt hatte.

Tränen, Tränen, Tränen ...

Du schläfst wieder ein.

Mittags kommt die Pastorin, unsere gute Begleiterin, und steht an deinem Bettende. Die Betten sind inzwischen wieder zusammengestellt. Ich liege neben dir, du unter der Decke, ich auf der Decke. Sie fragt mich, ob dich schon jemand gesegnet habe. Ich bejahe. Dein Freund H. hat dich am Samstag gesegnet. Und er hat auch dich um deinen Segen gebeten. Genauso wie ich. Und du, mein Mann, hast mich gesegnet. Ich erinnere mich, dass H. dich ermuntert hat, darüber nachzudenken, wem du Segen gewesen seist in deinem Leben.

Du wirst wach, und du sprichst die Pastorin an.

Und ja, du willst gesegnet werden. Sie tritt zu dir und segnet dich. Sie findet sehr persönliche Worte. Sie spricht davon, dass ich bei dir bleibe, nicht mehr von deiner Seite weichen werde. Mir laufen die Tränen über die Wangen, und ich bitte sie, auch mir einen persönlichen Segen zu spenden, was sie dann auch tut.

Dann schläfst du wieder ein.

Am frühen Nachmittag kommt dein Doktor und setzt sich zu dir ans Bett. Er sitzt eine Weile dort, und ich frage, ob ich dich wecken solle. »Nein«, antwortet er. Er sitzt neben dir und schaut dich an, ruhig und warmherzig. »Mach es gut, mein Freund!«, sagt er irgendwann. Er verabschiedet sich und wendet sich zu mir: »Lassen wir ihn gehen.« Ja, kannst du, wirst du auch, bald, heute Nacht oder morgen wirst du sterben.

Als du aufwachst, fragst du, ob dein Doktor schon da gewesen sei. Hast du seine Anwesenheit gespürt? »Ja, er war da.« – »Was hat er gesagt?« – »Mach es gut, mein Freund!«, wiederhole ich für dich, und du schläfst augenblicklich wieder ein. Auch das war eine weitere wunder-

Haltung

Wenn Finsternis mich umhüllt
Du bist da
und hältst mich umfangen

Ich
Embryo in deinem Schoß
Rücken an Bauch
Rücken an Brust

Wir atmen zusammen

Deine Wärme sagt mir
Du umhüllst mich

Deine Umarmungen sagen mir
Du schützt mich

Ich schließe die Augen
Und die Finsternis ist fort

Dich spüren
Du meine Hülle
Mantel aus Liebe

Gehalten sein

Wenn die große Finsternis
ihre Kälte ausschickt
mich zu durchdringen
dann wärme mich
dann halte mich

so kann ich
mit Haltung
und Würde
sterben

Tod
wo ist dann dein Stachel

bare Segenssituation. Er hat sich von dir verabschiedet. Dieser Mann, der ein Segen war für dich – und auch für mich.

Nachmittags rasselt dein Atem, und du beginnst, um dich zu schlagen. Ich bin unsicher, was das ist. Krampfst du? Sind es unwillkürliche Muskelzuckungen? Du scheinst keine Schmerzen zu haben. Man gibt dir ein Medikament.

Schwester J. kommt herein und schlägt mir vor, dich in meinen Schoß zu nehmen. Ja, ich will das gern. Sie richtet dich ein wenig in deinem Bett auf, und ich schlüpfe hinter dich. Du sitzt zwischen meinen Beinen, angelehnt und gehalten von meiner Brust und meinen Armen. Ich bin fasziniert, erschüttert, glücklich – ach, ich weiß nicht, was alles. Du sitzt da, ruhig und leicht und nah, und ich darf dich umschließen wie eine Hülle. Auf die Frage der Schwester nach deinem Gefühl antwortest du, es gehe dir gut. Du atmest ruhiger, du zuckst nicht mehr. So sitzen wir beide da, und ich umfange dich und spüre mich selbst in dieser Situation umfangen und beschenkt.

»Darf ich meinem Plan untreu werden und von dieser Situation ein Foto machen?«, frage ich dich, dringend daran interessiert, diesen Moment für mein weiteres Leben festzuhalten. Du erlaubst es, und Schwester J. macht Bilder. Du sollst entscheiden, ob ich sie bewahren darf, und ich zeige sie dir. »Ja«, sagst du, »das bin ich.« Du hast keine Einwände, dass ich diese Fotos behalten möchte. Wir sitzen noch eine Weile so, bis mich ein Krampf zwingt, die Position aufzugeben.

Mein Mann, geborgen in meinem Schoß!

Vor einigen Jahren hatte mir ein langjähriger Freund davon erzählt, dass er von einem Ehemann wisse, der seine Frau so lange in dieser Position gehalten habe, bis sie gestorben sei. Ich habe mir daraufhin gewünscht, dass du es sein würdest, der mich so »im Übergang hält«.

Am Abend dieses Tags der Segnungen liegen wir eng zusammen im Bett. Es ist dieser Moment, in dem ich einen Auftrag von dir empfange: »Du musst diesem Tag einen Namen geben.«

Ich sinniere laut und springe in meinen Worten, aber es scheint richtig zu sein: »Namen, sie sind so wichtig. Weißt du, dein Vater hat dich Klaus genannt, weil er so gute Erfahrungen mit diesem Pfleger in der Gefangenschaft gemacht hatte, der Klaus hieß.« Vor unseren inneren Augen erscheinen deine Familie und andere liebe Menschen. Im Wechsel benennen wir sie. Als ich mich an den Namen eines kleinen Nachbarn nicht erinnere, benennst du ihn. So lässt du mich, nicht einmal zehn Stunden vor deinem Tod – daran denken, wer für mich da sein kann. Ich habe den Eindruck, du entlässt mich aus dem Hospiz wieder nach Hause. Du segnest mich noch einmal mit diesen Worten. Du sendest mich heim.

Es ist eine ruhige und liebevolle Situation zwischen uns. Wir verabschieden uns voneinander. Du gibst mich frei. Du entlässt mich und sorgst noch einmal für mich.

Die Nachtschwester sagt mir, dass dein Atem, auch deine immer wieder auftretenden Zuckungen darauf hinweisen, dass es nicht mehr lange dauern wird, bis du stirbst. Ich spreche mit ihr ab, mich immer dann zu melden, wenn ich unsicher bin, ob das, was mit dir geschieht, normal im Prozess des Sterbens ist. Ach, was ist schon normal. Ich werde jedenfalls klingeln, wenn ich fachliche Hilfe brauche. Ansonsten könnten wir beide gut allein sein in dieser Nacht. Ich fürchte mich nicht. »Schon stehen alle Himmel offen.«[55] Und ja, nun wird es nicht mehr lange dauern.

»Versuch zu schlafen«, ermutigt mich Schwester I. Ja, wie geht das, mein Liebster? Dein Atem ist laut, und ich liege wach neben dir, um dich an die Hand zu nehmen und am Tor zur Ewigkeit abzugeben. Um 21 Uhr wachst du auf, und ich sage dir, dass in drei Stunden der Geburtstag deines Vaters sei. Vater wäre 100 Jahre alt geworden. Du hättest diesen Tag gerne mit der Familie gefeiert. Diesen Tag, den 27. November, der auch der Jahrestag unserer kirchlichen Hochzeitsfeier ist.

Erinnerst du dich? Es war der erste Adventssonntag des Jahres 1983. Im Gemeindehaus des Dortmunder Gemeinde »Christus unsre Hoffnung«.

Erinnerst du dich? Auch an jenen fernen Tag, als wir einmal unter dem Plakat erwachten, auf dem oberhalb der abgebildeten Kundschaf-

ter, die mit einer Riesentraube aus dem Gelobten Land kamen, der Jeremia-Text stand: »Ich will euch Zukunft und Hoffnung geben« (Jeremia 29,11). [56]

Ich hänge ganz eng an dir. Ich vergrabe mein Gesicht in deinem Gesicht. Ich liebe dich. Ich bin ruhig. Ich bin bei dir. Meine Nase liegt an deinem Hals. Meine linke Hand streichelt dein Gesicht. Zwischendurch fallen mir immer wieder die Augen zu, aber nur für kurze Zeit. Um Mitternacht sind wir beide wach. »Jetzt ist der 27. November, Vaters Geburtstag«, sage ich zu dir, »ich glaube, er erwartet dich.«

Später fängst du noch einmal zu zucken an, heftig. Ich klingele nach der Nachtschwester, die dir ein weiteres Medikament in den Tropf gibt. Ich halte deinen zuckenden Körper im Arm. Du wirst wieder ruhiger. Ich döse.

Gegen 6:30 Uhr am Morgen wache ich kurz auf und schaue auf die Uhr. Es ist ruhig im Raum. Du atmest still, so wie früher, denke ich. Als du noch nicht krank warst, lauschte ich manchmal auf deinen Atem, weil er fast unhörbar war. Ich drehe dir den Rücken zu und schlafe augenblicklich ein.

Als eine Stunde später der Pfleger mit einer weiteren Infusion ins Zimmer kommt, werde ich wach. Ich weise ihn darauf hin, dass du sehr ruhig bist. Als der Pfleger dich mit deinem Namen begrüßt, liegst du weiterhin still neben mir. Deine Augen sind fast geschlossen, dein Mundwinkel ein wenig schief. Der Pfleger spricht dich noch einmal an. Wir wissen es beide: Du bist tot.

Jetzt ist geschehen, was ich so lange erwartet, befürchtet, ja – auch gehofft hatte. Du bist gestorben. Du bist nicht mehr in diesem Körper.

Ich weine und weine.

Ja, ich bin traurig. Aber nicht, weil ich nicht Zeugin deines letzten Atemzugs wurde. Ich hatte mir tief eingeprägt, dass Menschen sterben, wenn es für sie richtig ist. Du hättest deinen letzten Atemzug machen können, als ich wach war. Du hast es nicht getan. Und ich denke, dass du selbst mit deinem letzten Atemzug noch für mich gesorgt hast. Du hast mir einen tiefen und ruhigen Schlaf geschenkt. Dieser Tag wird anstrengend werden. Und diese Stunde der Ruhe habe ich von dir bekommen. Nicht die Lebende bewacht den gerade Verstorbenen, sondern du hast mich bewacht, die schlafende Lebende. Danke dafür.

Später erzählt mir die Nachtschwester, sie habe dich um 6:15 Uhr bei ihrem letzten Rundgang noch lebend vorgefunden. So bist du vermutlich zwischen 6:15 Uhr und 6:30 Uhr gestorben.

Geburtstag – Sterbetag – Hochzeitstag

27. NOVEMBER 2012

Die Kerze brennt. Du bist gestorben und liegst friedlich neben mir. Deine Augen sind geschlossen. Ich schaue dich an, liebkose dich mit meinem Blick. Da liegst du, völlig gelöst und schön. Die Musik läuft – unsere Bachmusik, die uns seit Tagen begleitet. Ich weine und hole mir den Text deines Gedichtes und lese es dir vor: »Herr, ich habe deine Güte gesehen...«. Ich lese und lese und weine und weine.

Habe ich dich umarmt, geküsst, an mich gedrückt? Ich weiß es nicht mehr. Ich weiß wohl, dass du noch warm warst. »Klaus, du bist tot«, habe ich dir gesagt. Jetzt ist das geschehen, was ich erwartet habe. Es fühlt sich eigenartig an.

Ich stehe auf, ziehe mein schwarzes T-Shirt an. »Klaus, du kennst mich«, sage ich zu dir. »Ich muss mir jetzt erst einen Kaffee holen.« Ich gehe durch das noch stille Haus, halte inne am Tisch draußen, wo die brennende Kerze steht, die auf deinen Tod hinweist, und nehme den weißen Stein in die Hand. Den Stein, auf dem heute dein Name steht. Immer, wenn jemand im Haus gestorben ist, brennt die Kerze und der Name des Verstorbenen ist auf einen Stein geschrieben. »Hier wird so viel gestorben«, höre ich deine Stimme. Du hast es einmal zur Pastorin gesagt.

Heute bist du gestorben.

Im Haus ist es ruhig. Die MitarbeiterInnen sitzen bei der Morgenübergabe. Ich gehe in die Küche, schaue durch die weite Fensterfront in den noch dunklen Morgen. Die Bäume sind kahl geworden. Der Winter ist da.

Jetzt ist wahr geworden, was wir erwartet haben. Du bist tot. Ich versuche zu spüren, was anders ist. Aber ich nehme nur die Stille wahr. Anders, etwas ist anders. Nun bin ich die Angehörige, die zurückbleibt. Fühle ich das? Du bist tot. Was ist wirklich? Was ist wahr? Was ist spürbar?

Mit der Tasse Kaffee gehe ich zu dir zurück, setze mich noch einmal eine Weile. Ich finde deinen Körper, aber dich nicht mehr. Du bist doch eigentlich schon weg. Und dann rufe ich die Familie an, deine Schwester, meine Schwestern.

Etwas später wollen der Pfleger und eine Schwester dich waschen. Mein Bett wird zur Seite geschoben.

Die beiden waschen dich. Das wirkt wie ein gut sitzendes Zusammenspiel. Zunächst will ich es selbst tun. Doch dann versinke ich wieder in dieser schönen Weise, wie ich es einen Tag zuvor bei den »beruhigenden Waschungen« erlebt habe. Auch heute wirst du angesprochen: »Herr Hagenschneider, ich wasche jetzt Ihren Arm.« Dein Gesicht aber wasche ich, behutsam und, ach, du weißt schon, alle Linien in deinem Gesicht fahre ich nach und präge sie mir ein – für immer. Hoffentlich verliere ich sie nie.

Und dann sitze ich wieder auf meinem Bett und finde diese »Waschung« schön. Der Pfleger rasiert dich. Du wirst angekleidet. Dein blaues Hemd, das ich besonders an dir mochte, deine neueste Jeans, dein blauer Pullover, Strümpfe und Schuhe.

Als beide gehen, nehmen sie mein Bett mit. Ich hole aus der Schublade deines Nachttisches zuerst deinen Ehering. Er passt wieder, deine Hände sind nicht mehr so stark geschwollen. So stecke ich den Ehering wieder auf deinen Ringfinger. Der Liebesring, den ich dir im Jahr zuvor als Zeichen meiner Liebe geschenkt hatte, findet seinen Platz am kleinen Finger deiner anderen Hand.

Und schließlich suche ich einen Platz für dein Bronzekreuz. Es dir in die Hände zu geben, gefällt mir nicht. So lege ich es seitlich neben dich. Ich hole die aufgeschriebenen Gedichte heraus und lese sie dir vor.

Dazu gehört noch einmal das von Rilke übertragene Liebesgedicht von Elizabeth Barrett Browning, dessen erste Strophe in den Liebesring eingraviert ist:

> Wie ich dich liebe? Lass mich zählen wie.
> Ich liebe dich, so hoch, so tief, so weit,
> als meine Seele blindlings reicht, wenn sie
> ihr Dasein abfühlt und die Ewigkeit.
>
> Ich liebe dich bis zu dem stillsten Stand
> den jeder Tag erreicht im Lampenschein
> oder in Sonne. Frei, im Recht, und rein,
> wie jene, die vom Ruhm sich abgewandt.
>
> Mit aller Leidenschaft der Leidenszeit
> und mit der Kindheit Kraft, die fort war
> seit ich meine Heiligen nicht mehr geliebt.
>
> Mit allem Lächeln, aller Tränennot
> und allem Atem. Und wenn Gott es gibt,
> will ich dich besser lieben nach dem Tod.[57]

Und ich lese das Gedicht von Marie Luise Kaschnitz, das mich die ganze Ehezeit begleitet hat:

Maß der Liebe

> Wie du mir nötig bist? Wie Trank und Speise
> Dem Hungernden, dem Frierenden das Kleid,
> Wie Schlaf dem Müden, Glanz der Meeresreise
> dem Eingeschlossnen, der nach Freiheit schreit.
>
> So lieb ich dich, wie dieser Erde Gaben,
> Salz, Brot und Wein und Licht und Windeswehn

Die, ob wir sie auch bitter nötig haben,
sich doch nicht allezeit von selbst verstehn.

Und tiefer noch, denn auch die ungewissen
und fernen Mächte, die man Gott genannt,
Sie drangen mir zu Herzen mit den Küssen,

Den Worten deines Mundes, und die Blüte
irdischer Liebe nahm ich mir zum Pfand
für eine Welt des Geistes und der Güte.[58]

Beide Gedichte lege ich zu deinem Körper.
Dann gehe ich hinaus aus dem Zimmer, in dem du liegst.
Bist du noch da?

Gestorben

JUNI 2015

Heute erwarte ich deinen Neffen, damit er die elektronischen Geräte sichtet, die seit deinem Tod ungenutzt einige Schrankfächer belegen. Noch sitze ich bei meinem allmorgendlich langen Frühstück, bin mit der Zeitungslektüre beschäftigt und erreiche die letzten Seiten. Die Todesanzeigen. Ich lese sie immer aufmerksam, weil ich es spannend finde, wie Menschen den Tod anzeigen.

Gestern schon habe ich gelesen, dass der langjährige Superintendent D. gestorben ist. Heute findet sich eine Anzeige für ihn mit diesem Schlusssatz: »Seiner Frau ... wünschen wir Trost aus der Glaubenszuversicht, dass Gott ihn in alle Ewigkeit in seinen gütigen Händen hält.«[59]

Meine Rührung über dieses Bild des Gehaltenseins treibt mir die Tränen in die Augen. Da sitze ich mit meinem Kaffeepott in den Händen, und die Tränen versalzen mir das heiße Getränk. Ich sehe nicht ihn – wie könnte ich auch, ich habe kein Bild von diesem

Mann –, sondern ich sehe dich – gehalten in Gottes Händen – in alle Ewigkeit.

Tags zuvor hatte ich meine Ehe mit dir in einer Mail an eine Freundin reflektiert und mir auch die Frage gestellt, was wäre, wenn du noch oder wieder da wärst. *Noch* wäre anders als *wieder*. *Noch* würde heißen – es hätte keinen Abschied gegeben. *Wieder* wäre ein Danach – nach dem Abschied.

Noch war in meinen Gedanken schnell keine Option mehr. Den Abschied hat es gegeben. Der Abschied ist eingeprägt in meinem Leben. Die Trauer der vergangenen fast drei Jahre ebenso. Erlebtes lässt sich nicht mehr ungeschehen machen. All das rundet außerdem die Zeit mit dir. Nein, ich kann diesen Abschied nicht mehr wegdenken.

Wieder, wärst du wieder da. Das kann ich denken, auch wenn ich weiß, es ist ein Tagtraum. Ich sehe dich durch die Tür kommen. Im Sakko, warum im Sakko? Es ist ein grünes Jackett, ein tweediger Stoff. Du kommst und bist da, und wir beide begegnen uns auf Augenhöhe. Du bist ganz Du geworden, und ich habe mir mit dem Werden und Wachsen auch Mühe gegeben. Ich bin zufrieden mit mir.

Ich würde mit dir gerne gemeinsame Projekte machen, solche, die die Welt ein bisschen bunter, leichter und mitmenschlicher machen. Ich würde dich für meine Labyrinth-Idee gewonnen haben, dessen bin ich mir sicher, und wir würden einen Labyrinth-Verein gründen.

Kämst du wieder, es wäre eine Kür. Es wäre ein Sahnehäubchen auf dem Leben, das wir hatten. Es wäre schön. Es würde mir mehr Freude machen, die Dinge mit dir zu tun. Es wäre das konkrete Miteinander, das gemeinsame Planen, das gemeinsame Freuen, das Genießen. Ich würde in deinem Wort mich wiederfinden und weiter neben dir wachsen.

Was hatten wir beide? – Wir hatten eine große Liebe. Wir hatten alles, was wir beide uns geben konnten. Und alles, was offengeblieben war, ist befriedet. So gesehen habe ich die große Chance gehabt, unser gemeinsames Leben von hinten anzuschauen und zu bewerten. Indem ich uns überlebt habe, darf ich diese große Liebe bewahren. Ein gut gefülltes Leben habe ich mit dir geteilt. Ich kann nun tatsächlich allein leben. »Die Liebe nimmt immer wieder andere Formen an, aber sie bleibt, was sie ist«, hast du mir in einem Brief zu unserem 25. Hochzeitstag geschrieben. Mitten hinein in dieses Gefühl der Dankbarkeit, das mich seit ein paar Tagen trägt, schickt mich eine Todesanzeige in die Erinnerung zurück. Wie wohltuend, dass ich eine Glaubenszusage lese. Wie gut wird es der Frau des Verstorbenen tun, hineingenommen zu sein in diesen Glauben.

Und, ja, ich glaube, dass auch du in Ewigkeit bei Gott bist. Alles ist gut. Ich habe gelesen, das hebräische Wort für Barmherzigkeit lautet »Mutterschößigkeit«. Im Mutterschoß sein. In Gottes Mutterschoß. Welch schönes Bild!

Ich erinnere mich an deine Todesanzeige. Die Trauerbegleiterin hatte mich neun Monate nach deinem Tod gefragt, ob ich nicht ärgerlich gewesen sei, dass du die Anzeige geschrieben hättest. Einen Moment habe ich mich besonnen. Ja, meine Anzeige wäre anders ausgefallen als deine. Dennoch habe ich sie damals bejaht! Nur wollte ich nicht, wie du ursprünglich konzipiert hattest, allein als Hinterbliebende dort stehen. Und so habe ich deine Schwester und ihre Familie und meine Mutter und damit meine Familie hinzugefügt. Das fühlte sich besser an, denn ich war ja nur eine von diesen dir sehr nahen Menschen, die trauerten. Außerdem habe ich dein Kreuz abfotografiert, bearbeitet und in die Anzeige aufgenommen. Alles war stimmig.

Deine Texte waren auch meine geworden, nachdem wir beide deine »Abschiedsfeier« schließlich zusammen entwickelt hatten. Zu Weihnachten – vier Wochen nach deinem Tod – habe ich mich mit meinen Worten in einer Anzeige bedankt und zum ersten und zweiten Jahrestag habe ich jeweils Texte ausgesucht und gestaltet. Denn nach deinem Tod bin ich die, die mit diesem Tod leben muss.

27. NOVEMBER 2012

Du bist gestorben.

Als meine Schwestern am Tag deines Todes mit zwei Autos kommen, schlägt mir meine Schwester J. vor, mir bei allem, was ansteht, zu helfen. Sie bietet an, bei mir zu bleiben in dieser bevorstehenden ersten Nacht zurück daheim in meinem eigenen Bett – das erste Mal nach zehn langen Wochen im Hospiz. Das erweist sich als wohltuend und hilfreich, zumal sie mit einer Klarheit agieren kann, die mir nicht ganz gelingen will – verständlicherweise.

Auch deine Schwester und dein Schwager kommen. Obwohl der Abschied so lang war, sind doch alle sehr berührt. »Man sieht die Sonne langsam untergehen und erschrickt doch, wenn es plötzlich dunkel ist«[60]. Franz Kafka hat das in diesem Bild sehr treffend beschrieben. Dein Schwager berichtet sehr bewegt davon, dass er gegen 6:30 Uhr aufgewacht ist mit einem Traumfetzen des Stufengebetes in Latein: »Introibo ad altare Dei. Zum Altare Gottes will ich treten.«[61] Es dürfte die Zeit deines Todes gewesen sein. Glaube ich daran, dass dies eine Begegnung zwischen euch war, ein Lebewohl, gar eine Richtungsangabe? Ich weiß es nicht.

Wir alle waren nahezu sicher, dass dieser Tag dein Sterbetag werden würde, und so ist wohl auch die Traumverbindung herzustellen zwischen deinem Leben, das ein zutiefst gläubiges Leben war, und dem jederzeit zu erwartenden Tod. Wenn man es einfach mal wirken lässt, ist es ein sehr bewegendes Erlebnis: Es ist das alte Stufengebet in der Messe, gebetet an einem Übergang, inhaltlich zu fassen zwischen der Freude an der Begegnung mit Gott und der Bitte um Vergebung. Genau dort kann ich dich zu dieser Zeit denken. »Introibo ad altare Dei. Zum Altare Gottes will ich treten!« Genau dahin wolltest du doch auch, mein liebster Mann. Ich antworte: »Ad Deum, qui laetificat juventutem meam. Zu Gott, der mich erfreut von Jugend auf.«[62]

Nun liegst du tot auf deinem Bett. Der Frisörbesuch vor einer Woche hat sich gelohnt. Aber mehr noch wirkt die Entspannung auf deinem Gesicht. Dein Gesicht ist voller Klarheit. Schön bist du, der du schon nicht mehr du bist. Schön ist, was du unserem Blick hinterlässt und unserem Erinnern. Wie dankbar bin ich, dass du nicht im Schützengraben, nicht bei einem Unfall sterben musstest.

Wir treffen uns mit der Bestatterin im Wohnzimmer des Hospizes, und sie geht empathisch auf uns alle zu. Dann zeigt sie sich überrascht, dass bereits vieles für uns geklärt ist. Am meisten beeindruckt sie, dass wir die Anzeige fertig formuliert haben, sodass wir sie ihr noch am gleichen Tag zuschicken können, damit sie in Druck gehen kann.

Ich werde nun einen Sarg aussuchen müssen. Da die Fotos der Särge, die uns vorgelegt werden, nicht aussagekräftig genug sind, schlägt dein Schwager vor, die Auswahl direkt im Ausstellungsraum zu treffen. Lange im Vorhinein hatte ich schon überlegt, dass zu dir und mir auch eine einfache Kiste passen würde – ich sah eine bei der Fernsehübertragung der Beerdigung von Johannes Paul II. Auf dem Petersplatz stand eine schlichte, schön gearbeitete Sarg-Kiste, auf der die Bibel lag, deren Seiten vom Wind umgeblättert wurden.

Ein Sarg in Körperform hätte mir auch gefallen. Unwillkürlich musste ich lächeln, als ich daran dachte, was du zu dieser Idee wohl gesagt hättest. »Wir sind doch nicht im Wilden Westen, und selbst in einem Edelwestern habe ich keine Rolle gespielt«, das wären wohl deine Worte gewesen. Also, abgelehnt.

Kurz hatte ich auch daran gedacht, deinen Sarg zu gestalten. Aber der Wunsch setzte sich nicht fest. Schlicht sollte der Sarg sein und nicht teuer. Ein teurer oder prunkvoller Sarg hätte nicht zu dir gepasst. Nur kurze Zeit würde man diesen Sarg sehen können, bevor er dem Verfall ausgesetzt sein würde. Über die Form der Bestattung haben wir selten gesprochen. Ich hatte nur darauf bestanden, dass ich als Hinterbliebende das entscheiden muss. »Ich möchte eine Erdbestattung«, hatte ich gesagt, »ich brauche Erde zum Buddeln.«

Das erinnert mich daran, dass du mich einmal als »Erdenmensch« betitelt hast. Länger als 30 Jahre ist das nun her, und ich habe mich damals gefreut. Es stimmt nach wie vor. Was mit deinem Körper geschehen würde, hatte dich nicht interessiert. Wichtig war dir aber eine Beerdigung nach katholischem Ritus. Bis dahin ging deine Planung. Dann war sie konsequent beendet.

Ob ich dich noch offen aufbahren möchte bis zur Beerdigung, werde ich gefragt. Ich höre die Stimmen der Verwandten und werde einen Moment still für mich, fühle in mich hinein. Nein. Du würdest bis zum Nachmittag des nächsten Tages hier im Hospiz bleiben, und nach einer gestalteten Abschiedsfeier mit Familie und Freunden durch die Mitarbeiter des Hauses würde man deinen Körper in den Sarg legen. Nein. Ich wünschte keine offene Aufbahrung mehr.

Diese Entscheidung habe ich in der Woche bis zur Bestattung in keiner Weise falsch gefunden. Ich war auch nicht ein einziges Mal in dem Raum beim Friedhof, in dem dein Körper im Sarg lag. Ich habe dich am Mittwoch, also dem nächsten Tag, verabschiedet.

Später aber, als so viele Erfahrungen und Entscheidungen in meinem Kopf noch einmal nachgeholt werden wollten, habe ich überlegt, ob ich dich alleingelassen habe. War irgendwo um deinen verstorbenen Körper noch etwas von dir? Warst du noch in der Nähe?

Ich hatte zutiefst den Eindruck, dass du nicht mehr dort bist, wo dein Körper ist. Allenfalls in mir, um mich, hier und dort.

Wenige Tage nach deinem Tod war ich bei den Nachbarn zum Plätzchenbacken, und der älteste Sohn, der Erstklässler, fragte mich: »Wo ist denn Klaus jetzt? Ist er oben oder unter oder hinter mir oder vor mir oder da oder weg?« Ich sagte: »Ich glaube, Klaus ist bei Gott, und ich glaube, dass er bei mir ist.«

Ich suche für dich einen einfachen Sarg aus und bitte darum, dein Kreuz darauf zu befestigen. Da ich mich gegen die offene Aufbahrung ausgesprochen habe, erübrigt sich auch eine reiche Innenausstattung des Sarges; noch ein paar Dinge bespreche ich mit der Bestatterin.

Und dann fahren meine Schwiegerfamilie und meine Schwester mit mir heim in unser kaltes und unbewohnt wirkendes Haus. Ich hatte dich die letzten Tage nicht mehr alleingelassen, und somit war unser Haus nicht einladend, nicht einmal warm. Dass ich die Nachbarn hätte bitten können, mein Heimkommen vorzubereiten, das war mir nicht eingefallen. Ich biete einen Kaffee an. Wir sitzen einen Moment herum, ohne zu wissen, was tun. Es ist ein Moment der Ratlosigkeit. Verwirrung ist auch zwischen uns. Kurze Zeiten des Innehaltens, auch des Wartens. Auf was? Was geschieht nun? Wir sind alle noch unterwegs mit dem, was uns heute an Erwartetem und doch Unvergleichbarem geschehen ist. Dein Tod.

Die Schwiegerfamilie verabschiedet sich. Und ich muss wieder in unserem Haus ankommen, das jetzt nur noch mein Haus ist. Es gibt keine Alternative, und ich will auch wieder daheim sein. Ich richte mich ein, überziehe die Betten für meine Schwester und mich. In dieser Nacht werde ich in deinem Bett schlafen. J. und ich kümmern uns nun um all die Dinge, die jetzt getan werden müssen. Blumen und Kränze werden bestellt, die Texte für die Anzeige gegengelesen und zum Bestatter gemailt. In allem übernimmt wunderbar behutsam meine Schwester die Leitung. Sie tut, was wir zuvor bedacht und entschieden haben. Sie gibt an, was ihrer Meinung nach noch wichtig ist. Ich habe immer den Eindruck, dass ich dennoch die Handelnde bin. An keiner Stelle über- oder unterfordert sie mich.

Am Abend sind wir noch mal im Hospiz, wo sich meine Freundin S. von dir verabschieden will. Sie übernimmt meine Kurse in der Tagesmütterausbildung. Daher ist sie anderntags verhindert und wird nicht zur Abschiedsfeier kommen können. In mir ist alles ruhig, und ich kann das Hospiz gut wieder verlassen. Es ist so klar für mich: Alles ist getan, was wir zusammen tun konnten.

In deinem Bett habe ich in dieser Nacht gut geschlafen. Dennoch fühlte ich mich beim Aufwachen wie gerädert. J. sagte mir, sie habe sich darauf eingestellt, dass ich in der Nacht von der Trauer heimgesucht würde. Sie lag neben mir in meinem Bett, und wir schauten uns die Fotos an, die am Vortag entstanden waren, als ich dich in meinem Schoß hielt. Wie verletzlich du aussahst. Das, was ich eigentlich bewahren wollte, das Wunderbare des Gehaltenseins in meinem Schoß, es war nicht das, was ich sah. Ich sah dich, todkrank. Nein. Diese Fotos wollte ich nicht behalten. Ich löschte sie alle.

Die Trauer lag um mich herum wie ein Grauschleier. Es war ein Gefühl von Unwirklichkeit. Jetzt war das eingetreten, was ich erwartet hatte. Einige Abschiedsetappen lagen bereits hinter mir. Heute hatte ich das Hospiz verlassen. Ich funktionierte. Am nächsten Tag würdest auch du das Hospiz verlassen. Ich ahnte noch nicht, wie schmerzlich dieser Abschied werden würde.

Unser »gemeinsames Projekt«, die Bestattung, musste noch gut überstanden werden. Danach würde ich schlafen und schlafen und weinen und schlafen. »Ich fühle mich wie ausgewrungen und auch so, als liefen elektrische Ladungen durch meinen Körper«, schreibe ich am Tag nach deinem Tod an einen Freund. Gegenüber meiner Schwester J. formuliere ich zwei Tage später in einer Mail: »Ich fühle mich ein wenig wie ein Zombie in einem engen Korsett, darauf bedacht, dass dieses Korsett so lange hält, bis alles erledigt ist. Ich sehe Klaus' ruhiges, gelassenes Gesicht nach dem Sterben und spüre seine Nase an der meinen, als wir uns in der Nacht aneinanderkuschelten und gern ineinandergekrochen wären.

Mein Gefühl ist das einer absoluten Zufriedenheit über diese letztendlich gerundete Zeit. Einer tiefen Müdigkeit und eines großen Fragezeichens, wie ich ohne Klaus leben kann. Dass ich es will, weil ich es muss und weil ich es ihm versprochen habe, das ist klar.«

Drei Tage nach deinem Tod mache ich dein Grab auf dem Friedhof ausfindig und muss ein wenig lächeln, weil direkt nebenan ein Grab mit zwei Putten dekoriert ist. Klaus, du wirst fragen, ob ich nicht einen andern Ort für dich finden konnte. Ach nein, doch nicht. Es wird dich nicht stören, wo dein Körper seine letzte Ruhe findet. Dort, im ganz Anderen, ist alles in Frieden. Es ist nicht mehr wichtig für dich. Und ich lerne noch, wie unterschiedlich die Menschen ihre Trauer ausdrücken. Ich erfahre, wie viele Impulse man verspürt, irgendetwas auf das Grab zu legen, was verbindet.

An diesem 30. November besuche ich außerdem eine Frau im Hospiz, die dort schon länger Gast ist. Ich will nicht einfach den Kontakt abbrechen lassen. Sie freut sich. Kurz bevor sie stirbt, eine knappe Woche später, besuche ich sie noch einmal. Sie stirbt weniger leicht als du. Sie lässt Söhne zurück, deren Zukunft nicht gesichert ist. Sie ist noch nicht abkömmlich. Zum ersten Mal bin ich also als Besucherin im Hospiz, die kommt und wieder geht. Mühelos schaffe ich den Rollenwechsel. Außerdem spüre ich, dass dieser Ort ein heilsamer Ort ist. Ich habe nicht das Gefühl, an einen traurigen Ort zurückzukehren.

Abends nehme ich eine Flasche Rotwein und klingle bei den Nachbarn – jene, die du mir genannt hast am Abend vor deinem Tod. »Wie schön, dass du kommst«, werde ich begrüßt und umarmt. Und dann habe ich Raum. Raum zu erzählen. Und ich erzähle und erzähle. Und es tut gut.

Anderntags findet deine Beisetzung statt.

Abschiedsfeier

AUGUST 2015

Heute war ich mit der Gemeindereferentin auf dem Barfußweg unterwegs. Anschließend unterhielten wir uns bei einer Tasse Kaffee und wunderbarem selbst gemachten Kuchen.

Als ich von meinen Erfahrungen mit deinem Sterben im Hospiz spreche, fällt ihr das Bild des Labyrinths ein. Nachdem wir in der Kirche einmal gemeinsam eines gelegt haben und sie meine Leidenschaft für dieses Symbol kennt, passt ihr Gedanke sehr genau. Dem Labyrinth eigen ist dies: Man umkreist immer wieder die Mitte, zu der man unterwegs ist. Richtungswechsel finden statt, und man umrundet die Mitte mal weiter von ihr entfernt, mal näher dran, und schließlich kommt man dort in der Mitte an. Entscheidend ist: Es gibt ein Annähern und Wieder-Entfernen, aber irgendwann erreicht man das Ziel.

»Das Labyrinth ist ein Hinweis darauf, dass der Weg des Menschen zu seiner eigenen Mitte ein anspruchsvoller Weg ist. (…) Ohne die Bereitschaft, den Weg mit all seinen Kehren und in seiner ganzen unbekannten Länge auf sich zu nehmen, geht nichts. Das Labyrinth ist ein Symbol des Lebens. Auch wenn das Leben geprägt ist von Unvollkommenheit, Leid, Entfremdung, Verwirrung, Erfolglosigkeit und Durststrecken, das Labyrinth ist eine Ermutigung und eine Einladung, sich auf den Weg zu machen. Es will ermutigen, zu gehen und weiterzugehen, weil es ein Ziel gibt: Am Ende des Weges wartet die Mitte.«[63] Unsere gemeinsame Labyrinth-Mitte erreichten wir am Tag der Segnungen. Diese Mitte umfasst eben jenen Tag, den darauffolgenden

Sterbe- und Abschiedstag und schließlich den Tag der endgültigen Verabschiedung aus dem Hospiz. Keiner dieser Tage ist ohne den anderen zu denken. Diese drei Tage bilden eine Einheit. Die Erinnerung an den Tag der endgültigen Verabschiedung berührt mich mehr als der Tag der Beerdigung, die du übrigens Beisetzung nanntest.

28. NOVEMBER 2012

Vormittags hilft mir meine Schwester J., die Todesanzeigen zu kuvertieren und bringt sie zur Post. Einige Freunde kommen aufgrund anderer Termine bereits am Vormittag dieses Tages ins Hospiz, um dich noch einmal zu sehen und sich von dir zu verabschieden. Ich treffe sie dort und trinke nach dem Abschiedsbesuch bei dir eine Tasse Kaffee mit ihnen im Wohnzimmer des Hospizes. Nachmittags begrüße ich zwanzig enge Mittrauernde aus deiner und meiner Familie. Einige Freunde sind auch da. Es sind vor allem die, die uns in den vergangenen Wochen immer wieder besucht haben, unsere engsten Begleiter.

Ich weiß nicht, wie von dir reden. Die Begriffe Leiche und Leichnam mag ich nicht. Sie sind mir fremd als Bezeichnung für deinen Körper. Dein Körper ist für mich immer noch mehr als Materie.

Gegen 16 Uhr finden wir uns alle zur Abschiedsfeier bei deinem Körper ein. Ich bin ruhig und gesammelt. Innerlich bin ich sogar stolz, dass wir dein Sterben geschafft haben. Und ich bin müde.

Da mein Bett schon tags zuvor hinausgeschoben worden ist, ist dieser Raum, der uns beide zehn lange Wochen beherbergt hat, nun tatsächlich geräumig. Vieles, was in der Zeit unseres Aufenthaltes die Ecken gefüllt hatte, was ich in den Taschen beinahe täglich zwischen Zuhause und Hospiz transportiert habe, steht nicht mehr dort. Das Zimmer wirkt aufgeräumt. Du brauchst nichts mehr von all dem, was bis dato schön, sinnvoll, beglückend oder einfach nur notwendig gewesen ist – bis hin zur Zahnbürste. Auf einmal haben all diese Dinge keine Funktion mehr, sind übrig, können entsorgt werden. Wie viele Zahnbürsten haben wir in unserem Leben entsorgt? Wie eigenartig wirkt eine Zahnbürste in der Hand, die man entsorgt, weil ihr Benutzer verstorben ist.

Leben und Tod

hell die eine
dunkel die andere
begegnen einander
auf leisen Sohlen
umfangen sich
liegen sich in den Armen
küssen einander
eine atmet aus
die andre atmet ein
verwachsen zu einer Gestalt
nur einen Atemzug lang

lösen sich
sanft
geräuschlos

Wirklichkeit

Traumgestalten
Schwestern

Verschwisterung
Einswerdung
Austausch
Hauchtausch

Vorübergang
Übergang
Trennung
Ende und Anfang

hingehaucht
ausgehaucht
eingehaucht

Leben und Tod

Dieses Zimmer im Hospiz ist seit meinem Auszug nur einen Tag zuvor nicht mehr mein Gastraum. Dein Bett und auf ihm dein so schöner, friedlicher und entspannter Körper steht mitten im Raum. Von allen Seiten können wir dich umringen. Die Kerze, unsere Hochzeitstags-Kerze, die ich vor wenigen Tagen angezündet hatte, hat der Pfleger am Morgen deines Todes erneut angezündet. Er hatte sie von deinem Nachttisch in die Hand genommen. Sein Feuerzeug klickte, als er unsere Kerze anzündete. Dann stellte er die brennende Kerze zurück und ging. Menschendienst – Gottesdienst – Gebet – Verbindung – Feiertag – Erinnerungslicht – Taufkerze – Hochzeitskerze – Ewiges Licht – Grabkerze ... Es hat mich sehr berührt, dass O. die Kerze angezündet hat – so selbstverständlich und so sicher, dass dies nun dran war. Ich dachte, er hätte es für dich getan. Er tat es auch für mich. Und für sich. Mit dieser Geste wurde der Raum zu einem besonderen Raum. Mir war zuvor niemals klar gewesen, dass auch das Abbrennen einer Kerze von Leben zeugt. Natürlich weiß ich, die Flamme braucht Sauerstoff zum Brennen. Wie lebendig dieser Prozess ist, das »brennt« sich mir hier zum ersten Mal als Erkenntnis ein. Ein Raum mit Kerze ist niemals ein toter Raum. Kerzen zeugen, solange sie brennen, davon, dass es ein Motiv gab, sie zu entzünden. Deshalb liebe ich auch die Orte in den Kirchen, wo Kerzen brennen. Jede Flamme brennt für einen oder mehrere Gedanken, für Sorgen und Ängste, für Bitten, aber auch für Dankbarkeit, Gedenken und Lob. Mir war, als seist du in diesem Raum nicht allein, solange die Kerze brannte. Mit ihr sind wir dir alle verbunden.

Inzwischen ist diese Kerze von einem Glas sicher umschlossen. Der Strauß bunter Rosen vom Hochzeitstag steht noch in voller Blüte auf dem Nachttisch direkt daneben. Wir umringen diesen toten Körper, der du warst. Ich sitze auf einem Stuhl oben links neben deinem Kopf und fühle mich gesammelt, ganz anwesend und voller innerer Ruhe. Wie wohltuend ist der Besuch dieser Menschen für mich. Sie drängen sich um das Bett und um mich. Doch sie bedrängen uns nicht. Sie umschließen uns. Ich bin umfangen mit deinem toten Körper und umfange selbst mit.

Schwester S. und die Pastorin leiten die Abschiedsfeier.

S. erzählt, wie sie dich und mich über die Wochen immer mehr kennengelernt habe. Sie erwähnt die Gespräche, die ich manchmal in der Nacht mit ihr geführt hatte, wenn du schon schliefst. In den Nächten hatte es so viele Gedanken und Gefühle gegeben, die benannt sein wollten, so viele Fragen, die auf Antwort drängten.

S. ist auch in dieser Situation des Abschieds so warmherzig, wie ich sie die vergangenen zehn Wochen über erlebt habe.

Die Pastorin ist – sehr zu meiner Freude – im offiziellen Ornat gekommen – und ihr Segen tut so gut. Du hattest diese Frau geschätzt – ihre intellektuellen, seelsorgerlichen und menschlichen Kompetenzen. Und du hast sie auch als »Amtsträgerin in ihrer Kirche« wahrgenommen. Ja, gut, dass sie in diesem »Kirchenkleid« hier ist. Wir zünden Teelichter an, die wir um deinen Körper herum platzieren können. Wie hell scheinen diese Lichter der Menschen, die dir in deinem Leben nah waren, und wie hell umringen sie deinen Körper, in dem du uns begegnet bist. Mit dieser schönen Geste nehmen wir Abschied von dem Menschen, der du für uns warst. Ein Mensch, der Licht gebracht hat und Licht bekommen hat in seinem Leben.

Dieses Bild des Abschieds – ein Bild des lichten Umringens und Umgebens und dein Leib mittendrin – umarmt von vielen – bleibt ein Trostbild. Es ist das Bild der Labyrinth-Mitte, für dich, für mich und für unsere Begleiter. Wir alle werden uns wieder auf den Rückweg machen. Machen müssen. Nur du nicht. Du bist angekommen.

Im Wohnzimmer des Hospizes gibt es anschließend Kaffee und Kuchen und viele Gespräche. Eine Freundin schenkt mir einen roten, warmen Schal.

Ich erinnere mich, dass eine andere Freundin zuvor an deinem Bett stehend sehr geweint hatte und ich sie in den Arm nahm. Sie meinte, sie müsse eigentlich mich trösten. »Aber ich habe doch schon so viel geweint«, sagte ich zu ihr. Mein Bruder ging irgendwann in »unser Zimmer«. Später erzählte er mir, er habe, jetzt ohne Kloß im Hals, den er bei der Abschiedsfeier gespürt habe, dir danken können: für die Zeit, die du mit mir gelebt hast. Diese Zeit, die mich glücklich gemacht hat. Mein Liebster in der Ewigkeit, wie zugewandt sind unsere Familien, wie zartfühlend sind unsere Freunde mit uns gegangen, wie haben sie uns getragen in diesen Zeiten. Ich spürte so sehr, dass ich mich nicht fürchten musste, nun ohne sie zu sein, ohne diese Begleiter. Sie würden auch in Zukunft da sein.

Gegen 17:30 Uhr sind die Bestatter bestellt.

Wenn die Bestatter kommen, werden sie mir deinen Körper entziehen, einsargen. Sie werden dich meinen Blicken entziehen.

Als fast alle gegangen sind, gehe ich noch einmal in das Zimmer, in dem dein Körper liegt, und ich finde dich für einen Moment wieder. Meine ältere Schwester R. ist bei mir. Ich setze mich nah zu dir, und mich übermannen der Schmerz und die Trauer. Hier – kurz bevor du dieses Zimmer verlassen wirst – hier, in diesem Moment, wird mir das Ende der Zweisamkeit schlagartig bewusst. Die Wahrheit bricht ein. Die Wahrheit wird wahr für mich. Mit Macht erkenne ich, dass ich dich zum letzten Mal sehe. Gleich wird es vorbei sein mit uns. Gleich wirst du mein Leben verlassen. Gleich werde ich meinen Blick von dir nehmen müssen. Die Zeit wird knapp. So schaue ich und schaue ich. Solange du hier liegst, bist du doch noch da – oder?

Du bist nicht mehr in diesem Körper.

In diesem Körper warst du für mich sichtbar gewesen, fühlbar, berührbar. Ich habe deine schöne Stimme gehört, die diesen Körper als Resonanzraum gebraucht hat. Dein Herz und deine Hände haben mir Gedichte geschrieben. Um unserer Liebe willen hast du Jahrzehnte zuvor dein Leben neu sortiert. Du hast mir Raum gegeben bei dir. Dein Ja zu dir und dein Ja zu mir, alles kam aus dem Menschen mit diesem Körper, dem Körper, der sich über die Jahre verändert hat, der krank war und dennoch so sehr DU geblieben ist.

Ich habe dich gerochen.

Ich konnte dich gut riechen.

Ich habe dich geliebt in diesem Körper.

Ich habe dich gehalten und ausgehalten und du mich ebenso.

Du hast mit deinem Körper Glück versprochen, und du hast es gehalten.

Du hast mir Ansehen geschenkt, und ich war im wahrsten Wortsinn dein Anliegen wie du das meine.
Du hast mich wachsen lassen wie ein Baum neben dem anderen.
Du – du – was warst du alles für mich – untrennbar von diesem Körper – du.
Ich weine und weine...

AUGUST 2015

Ich erlebe noch einmal, was ich gerade aufschreibe und kann es gar nicht fassen, dass es die Erinnerung an diese Stunde schafft, mir heute – hier draußen auf der Terrasse unseres Gartens an einem schönen Abend – die Fassung zu rauben.

Ich zerfließe gerade
und löse mich auf
und sehne mich nach dir
und sehe dich in deinem blauen Pullover
und du bist stumm
und du bist tot.
Du bist tot.

Ich sehne mich nach dem lebenden Klaus. Ich sehne mich nach dem lebendigen Klaus, nach dem, der Situationskomik erkennen und benennen kann, nach dem, der lacht und lacht und lacht. Nach dem, der dort drüben unterm Baum sitzt und sein Glück in Worte fasst. Nach dem Klaus der schönen Sommertage. Nach dem Klaus, der mich geliebt hat. Nach dem Klaus, mit dem ich denken und reden konnte. Nach dir und deiner Stimme. Nach dir...

28. NOVEMBER 2012

Durch den Pullover hindurch spüre ich die Kälte des toten Körpers. Es ist eine unglaubliche Kälte. Wieso ist die Wolle nicht trotzdem warm? Wolle wärmt doch. Wolle ist doch per se warm. Wie kann etwas so kalt sein, dass sich selbst die Wolle nicht mehr warm anfühlt?[64]
»Hast du je eine solche Kälte erlebt?«, frage ich meine Schwester R. »Es gibt nichts, was vergleichbar ist.« »Ach ja«, antwortet sie, »unsere

kleine Schwester war auch so kalt, als sie tot war.« Ich spüre ihre Traurigkeit um unsere Schwester, bin dankbar für ihre Nähe und Erfahrung.

Ich hole noch einmal das Gedicht hervor, das einer Liebeserklärung gleichkommt, und ich sage dir damit – und auch meine Schwester soll es hören –, ich sage, dass ich dich so liebe, weil du mir nötig bist wie das tägliche Brot. Laut spreche ich und schniefe und weine, als könnte dein totes Ohr alles hören. Ach, vielleicht sage ich es nur mir. Ach, sicher ist es eine Klage. Eine Klage darüber, was ich verloren habe. Eine Klage darüber, wen ich verloren habe.

»Wie du mir nötig bist? Wie Trank und Speise dem Hungernden, dem Frierenden das Kleid ...«[65]

Besonders liebe ich die letzten Zeilen des Kaschnitz-Gedichtes:

Und tiefer noch, denn auch die ungewissen
und fernen Mächte, die man Gott genannt,
Sie drangen mir zu Herzen mit den Küssen,

Den Worten deines Mundes, und die Blüte
irdischer Liebe nahm ich mir zum Pfand
für eine Welt des Geistes und der Güte.[66]

Ich weine und weine.
   Ich bin fassungslos.
   Ich begreife.
   Vorbei.
   Ich wache auf,
   mitten hinein in einen Albtraum, der wahr ist.
   Es ist furchtbar.
   Die Zeit.
   Vorbei!
   Schwester S. öffnet etwas zögernd die Tür und fragt, ob es jetzt möglich sei, dass du in den Sarg gelegt werden kannst. Ja, ich weiß es ja, es muss sein, und ja, sie darf hereinkommen. Mit S. kommen auch die Bestatter und rollen den Sarg neben das Bett. Meine Schwester steht am Kopfende des Bettes, ich unten am Fußende. So habe ich einen Blick auf

deinen gesamten Körper – von den Füßen bis zum Scheitel. Noch einmal dieses Bild von dir einprägen.

S. geht auf die hintere Bettseite und stützt deine Körpermitte. Gemeinsam mit den beiden Bestattern hebt sie deinen Körper an. Dann legen sie ihn in den Sarg.

Ich hatte schon einmal gesehen, wie ein anderer Gast eingesargt worden war. Ich war anwesend, weil ich seine Frau nicht alleinlassen wollte. Also weiß ich, dass dies einstudierte Griffe sind. Dennoch hat es eine beruhigende Wirkung auf mich, wie sanft und unterstützend S. mit dem geliebten Körper umgeht. Wieder fällt mir der Begriff »Würde« ein. Für diesen Moment bin ich einmal mehr Zuschauerin. Aber mein Auge geht mit, und mein Herz sammelt alles, was es sieht. »Zuschauen«, sagt Gernot Candolini, »ist schwere Arbeit.«[67]

Ja, es ist schwer.

Als einer der Bestatter den Sarg schließen will, bitte ich, er möge noch einen Moment warten. Spüre ich Spannung bei S. und meiner Schwester? Was werde ich tun? Werde ich zusammenbrechen? Müssen sie mich halten? Müssen sie mich aufhalten, anhalten?

Ein letztes Mal. Ein letztes Mal will ich bewusst spüren. Ich lege meine Hand eine Weile auf deinen toten Körper und atme durch. Ich versuche ganz im Hier und Jetzt zu sein. Im Hier und Jetzt. Noch einmal will ich dich berühren und begreifen, dass du tot bist. Einmal noch will ich mich mit deiner Hilfe sammeln. Ja, mich sammeln, alles einsammeln, was eben zerflossen ist, wieder Fassung bekommen.

Ich atme und atme. Erinnerst du dich, wie du in meiner Panik mit mir am Telefon geatmet hast, damals, vielleicht drei Jahre zuvor? So konnte ich damals wieder meinen ruhigen Atemrhythmus finden. Erinnerst du dich, wie du am Umzugstag hierher mich angesprochen hast und mir Halt gabst?

Dieser kurze bewusste Moment muss sein. Kraft holen von einem toten Körper? Nein, die Kraft, die mir in all den Zeiten unserer Liebe von dir, dem Menschen, der in diesem Körper ER war, zugeflossen ist, die verleibe ich mir ein, auf dass ich sie in mir spüre, solange ich lebe.

Dann dürfen sie deinen toten Körper fortbringen. Deinen Körper – wie eine Exuvie…

Noch heute, wenn ich mich sammeln möchte im Gedenken an dich, gibt es eine ähnliche Geste. Ich lege meine Hand eine Weile auf mein Herz. »Klaus!«, ich spreche deinen Namen, zuweilen nur in Gedanken. Ich vergewissere mich der Kraft aus unserer Liebe. Ich hole dich in meine Gegenwart. B., meine »Enkeltochter«, hat es einmal bemerkt und gefragt: »Maria, geht es dir gut?« Ich habe ihr die Bedeutung dieser Geste erklärt.

Mein letzter Blick auf den nun geschlossenen Sarg.
Der Bestatter weiß, dass dein Bronzekreuz auf dem Sarg befestigt werden soll. Er nimmt es an sich. Du im Sarg verlässt den Raum. S. geht mit bis zur Eingangstür.

Ich bleibe zurück. Warum gehe ich nicht mit? Dort sind wir beide zusammen angekommen.

Einmal, als du und ich im Garten saßen, war ein Verstorbener durch die Eingangstür verabschiedet worden. Ich hatte nach dieser Beobachtung S. gefragt, warum – sichtbar für alle im Haus – die Verstorbenen durch die Eingangstür das Haus verlassen und nicht durch die breite Tür, die näher an den Zimmern liege. S. wirkte erstaunt. Die Gäste seien durch den Haupteingang gekommen und würden auch dort wieder verabschiedet, sagte sie mir. Fast war ich beschämt gewesen, dass man mir diese Handlung erklären musste. Es hätte sich mir erschließen müssen.

Ich habe dir davon erzählt. Sicher bin ich, dass dir der Gedanke gefallen hat, dass auch dein Körper nicht »verschämt« aus dem Haus gebracht wird, sondern deutlich sichtbar dort verabschiedet wird, wo du eingetreten bist.

Ich bleibe also zurück.
Ich fühle mich doch auch so.
Ich hinterbleibe.
Das Hinterbleiben ist kein Zustand, sondern eine Aufgabe. Ich habe sie noch nicht geschafft, also hinterbleibe ich.
Ich bin Hinterbleibende.

Dann straffe ich mich. Es ist tatsächlich ein innerer Akt. Ich stelle mich. Ich stelle mich auf meine Füße. Ich stelle mich der Situation. Was nötig ist, packe ich in mein Auto und entlasse meine Familie. Meine jüngere Schwester wird heute wieder mit den anderen heimfahren. Ich bin ihr so dankbar für ihre tatkräftige und emotionale Hilfe.
    Nun werde ich meine erste Nacht allein zu Hause schlafen. So will ich es.

Wie ich dann den Abend gestaltet habe, weiß ich nicht mehr. Gemailt habe ich vermutlich den Freunden, die an diesem Nachmittag nicht dabei sein konnten. Geschrieben habe ich sicher von diesen Stunden des endgültigen Abschieds.

Was vorbei ist, ist nicht vorbei – Bestattung

AUGUST 2015

Ich sitze hinten im heimischen Garten. Es ist früh am Morgen, und die Tageshitze hat diesen Ort noch nicht eingenommen. Rundherum ist es fast still. Einer der wenigen Nachbarn, der schon draußen ist, hüstelt. Andere schlafen vermutlich noch, es ist Sonntag. Einige sind sicher auch noch im Urlaub.
    Es ist ein klarer Sommertag. Wenige Schleierwolken sind an den Himmel gemalt, der ansonsten in klarem Blau strahlt. Ein Flugzeug brummt in der Ferne, scheint Endlosschleifen zu fliegen. Ach ja, es ist Flugplatzfest.
    Wenige Rosen blühen noch im kleinen Beet an der Terrasse. Der Phlox steht üppig und zaubert Farbe in den grünen Garten. Sein Duft hat etwas von betörender Sommerfrische.
    Immer noch bin ich sonnen- und sommerhungrig, obwohl ich in keinem Jahr so häufig im Garten gefrühstückt habe wie in diesem Sommer. Ich sehne mich nach dem Meer und ganz besonders nach der Bretagne. Ich beschließe, an einem der nächsten Tage eine Katama-

Du und ich

Ich lege behutsam
mein trockenes Auge
auf dein geschlossenes Lid.

Ich flüstere leise
irdische Worte
in dein verstopftes Ohr.

Ich hauche mühsam
meinen schweren Lebensatem
in deinen atemlosen Mund.

Ich nehme sanft
in meine warmen Hände
deine erkalteten Finger

und rühre
an
deinen Tod.

Ich versenke
in dich
unser Leben,
unser Glück,

damit
du es hütest
und bewahrst,
bis wir
uns wieder sehen
und
wieder hören
und wieder Worte finden
und
wieder
im gleichen Rhythmus atmen
und
wieder
einander wärmen

und
ich rühre
an
DEIN LEBEN.

ran-Fahrt zu machen. Eine Stunde in der Sonne schippern und genießen.

Früher mochte ich Schiffe nicht, und vor Fahrten auf den Meeren habe ich mich gefürchtet. Seit deinem Tod fürchte ich nichts mehr.

Was kann mir Schlimmeres geschehen als das, was ich erlebt habe. Ja, ich habe nicht nur keine Angst mehr, ich kann es genießen, auf einem Schiff zu sein.

Es ist der dritte Sommer, den ich ohne dich hier verbringe. Du hättest es heute auch genossen, hier zu sitzen. Vermutlich hättest du die Süddeutsche Zeitung gelesen. Ich tagträume: Zu Mittag würden wir Wein trinken. Und ganz ohne Zweifel würdest du eine Kappe oder einen Hut tragen. Du mochtest es nicht, wenn Blätter von oben rieselten, Raupen herabfielen oder sich anderes Getier abseilte. Erinnerst du dich, dass unsere Sitzecke entstanden ist, nachdem wir während eines Urlaubs in Burgund die Nachmittage lesend unter einem Baum verbracht hatten, manchmal fast trunken. Was war es, was uns damals trunken gemacht hat? – Die Wärme, der Kir oder gar das Glück?

Hier hinten im Garten saßen wir immer »im Glück«. Es war der Platz, den wir einnahmen, wenn wir Zeit hatten, Ruhe suchten und das Leben genießen wollten:

> Hier sitzen
> und genießen.
>
> Stunde um Stunde
> vergeht die Zeit
> und alles
> was ist
> prägt sich ein.
>
> Ewiges Siegel
> einer glücklichen Zeit.[68]

Ich möchte mich in der morgendlichen Ruhe heute an deine Beerdigung erinnern. Vielleicht ist dieser Ort aber gar nicht geeignet, um gerade diese letzten Kapitel unseres gemeinsamen Lebens in Worte zu fassen? Es gelingt mir nicht, mich zu konzentrieren. Verbinde ich mit der aufgeschriebenen Erinnerung an den letzten Gang, an die Bestattung, dass unsere Geschichte nun endgültig zum Ende kommt? Vielleicht will ich unsere Geschichte nicht beenden?

Ich versuche mich zu sammeln und diesen Gedanken nachzuspüren. Aber ich finde die Gefühle nicht mehr, die ich erwartet hatte. Wo ist die Schwere, wo die Traurigkeit, die man doch mit einer Bestattung verbindet? Beide sind nicht da. Ratlosigkeit. Wie kann ich zu Papier bringen, was ich gerade so wenig sinnenhaft wahrnehme?

Es könnte sein, mein Mann in der Ewigkeit, dass die Beerdigung für mich tatsächlich kein emotionaler Schwerpunkt war. War sie nicht eher »nur noch« eine öffentliche Veranstaltung? Oder war es die Disziplin, die mir in dieser Situation wie von selbst zuwuchs und die die schweren Gefühle beiseitegedrängt hat? Sicher bin ich, der wirkliche Abschied von dir fand mit der Abschiedsfeier im Hospiz statt.

Die Beerdigung war nach dem emotionalen Abschluss im Hospiz ein zu überstehender Termin. Ich würde den Trauergästen begegnen müssen. Einen Teil deiner Bekannten und Kollegen kannte ich nicht, und mir lag daran, diese Stunde gefasst zu erleben. Gerade fällt mir auf, dass mir das, was ich bei dir erlebt hatte, deine Disziplin und deine Fassung, für diese Situation vielleicht als nachahmenswerte Haltung erschienen war. Oder habe ich sie gar nicht nachgeahmt? Kam sie nicht einfach spontan?

Für dich und für uns galt es, noch einmal deutlich zu machen, was dein Leben letztendlich gerundet hat. Es war der Glaube, der sich über alle schwierigen und traurigen Zeiten hinweg gefestigt hatte und klarer geworden war. Du sprichst in deinen Aufzeichnungen von einer Richtungsangabe.

Ich war so sicher, dass die Texte und die Musik, die zunächst du, und dann wir zusammen gefunden hatten, stimmig waren. Dieses Bewusstsein trug mich.

Zwischen dir und mir war alles klar. Die Bestattung als ein Gang in die Öffentlichkeit war weit weniger schwierig als die vielen Gänge in unsere Tiefen.

Du wolltest keine Würdigung deiner Person. Also musste ich mich nicht darauf einstellen, dass irgendjemand etwas von dir erzählen würde, was ich noch nicht wusste. Ich musste mich auch nicht darauf einstellen, dass eine Musik erklingen würde, ein Wort gesprochen würde, dass mich verwundern, treffen oder erschrecken würde. Gewiss, jedes Zusammenkommen ist offen, und wie Menschen sich verhalten, ist nicht vorhersehbar. Ich fühlte mich dennoch auf sicherem Terrain, wenn ich auch nicht sicher wusste, ob meine Trauer durchbrechen würde. Da alles bekannt war, was nun die Stunde füllen würde, fühlte ich mich stark und standfest.

Du wolltest keine Würdigung deiner Person. Dennoch ist mir wohl bewusst, dass die Frage nach der Würde auch bei meinem Schreiben eine Rolle spielt. In Connie Palmens autobiografischem Roman über das Sterben ihres Mannes lese ich, dass der biografische Schreiber immer ein bisschen auch ein Judas ist, ein Verräter.[69] Und zugleich ist er ein Bewahrer.

Ich hoffe, ich darf mich eher den Bewahrern zuordnen.

Ich weiß, dass einige bei der Bestattung ein Foto von dir vermisst haben – es gab keines –, Reden über dich – es gab keine. Stattdessen sprachst du:

> Mein Werk ist vergangen,
> meine Träume sind verflogen,
> aber du bleibst.[70]

Du warst zutiefst Theologe und vor allem Gläubiger. Du warst in deinem Leben stets unterwegs, und am Ende warst du dir bewusst, dass dein Werk vergangen und deine Träume verflogen sind. Du hast geglaubt, dass Gott bleibt und dass du zu ihm heimkehren wirst.

Das warst und bist du. Das wolltest du kundtun.

Noch einmal stellt sich mir die Frage: Was mache ich hier? Ich würdige dich, dich und dein Leben. Ich zeige deine Würde auf bei allem, was uns in den letzten gemeinsamen Lebenswochen ge- und betroffen hat. Du bist in Würde gestorben. Und du bist – bis zu deinem Tod – im Werden gewesen. Ja, bis zu deinem Tod.

Peter Bieri schreibt in seinem Buch »Eine Art zu leben«[71] davon, dass Würde auch damit zu tun hat, einander eine offene Zukunft zuzugestehen. »Es ist das Recht, sich im Tun und Erleben verändern und neue Wege gehen zu dürfen. Wenn wir dem anderen die Würde lassen wollen, dürfen wir ihn nicht durch festgelegte Erwartungen einschnüren. Wir dürfen uns kein endgültiges Bild von ihm machen, unter dessen Last er ersticken müsste.« [72]

Ich denke, es ergibt sich zwangsläufig für einen Menschen, der im Werden ist und bleibt, dass eine offene Zukunft dazugehört. Wie viel Offenheit habe ich dir gelassen? Du bist zu allen Zeiten Subjekt deines Handelns gewesen. Das kann ich anführen, wenngleich es tatsächlich schwer ist zu sehen, dass sich die Zukunft für einen Sterbenden schließen wird, ihn aber bis dahin autonom sein zu lassen.[73]

Mir liegt nicht daran, dich und mich zu verklären. Ich habe davon geschrieben, dass es auch Zeiten gab, in denen es schwer war, miteinander – manchmal auch nebeneinander oder gegeneinander – zu leben. Es waren schmerzliche Erfahrungen, dass wir zuweilen einander nicht erreichen konnten. In den Situationen selbst sind solche Erfahrungen Grenzerfahrungen, die von den ohnehin geringen Kraftreserven fast die letzten einfordern. Solche Grenzerfahrungen haben mich auch das Fürchten gelehrt. Wie soll man seine eigenen Abgründe anschauen können, wenn sie in diesen Zeiten nicht begleitet werden von gnädigen Menschen?

Wie soll man mit dem fast leeren Kraftspeicher weiterleben, wenn man keine Oasen finden kann, in denen man Kraftgetränke bekommt?

Ich habe mich in den Zeiten meiner Kraftlosigkeit meiner Gedanken geschämt, meiner Unfähigkeiten und Unwilligkeiten, meiner unbändigen Sehnsucht nach Leben, während du sterben musstest. Ich war es zuweilen mehr als leid, diesen Weg weiter mit dir zu gehen, und Augenblicke später bereute ich diese Empfindungen zutiefst. Lange habe ich sie mir auch gar nicht eingestanden. Ich schämte mich meiner manchmal fehlenden Ausdauer.

Manchmal hast du eine andere Sprache gesprochen als ich. Das zu erfahren war schmerzlich, war es doch genau diese Erkenntnis, die uns zusammengebracht und zusammengehalten hat: Wir verstehen uns. Wir sprechen die gleiche Sprache. Du warst mein Resonanzpartner und ich deine Resonanzpartnerin.

Aber jeder Ehepartner, jeder Partner, jeder Begleiter kennt das: Man kann einen gemeinsamen Weg nicht wie siamesische Zwillinge gehen.

Ich hatte dir einmal hinsichtlich dieser Begleitung gesagt: »Ich möchte alles GUT machen«, woraufhin du geantwortet hast: »Was ist denn GUT?« Ach, es war eine wenig treffende Bemerkung. Ich finde sie wieder in dem Buch von Monika Renz über das gute Sterben.[74] Es war mein tiefster Wunsch, diesen Weg so gut mit dir zu gehen, wie ich nur konnte. Du hast so manches Mal gesagt, dass wir einen Weg gehen, den wir nicht kennen, etwas tun und gestalten müssen, in das wir nicht eingeübt sind.

Von heute aus betrachtet, war es ganz und gar dein Weg. Du bist ihn so gegangen, wie du in deinem ganzen Leben unterwegs warst. Meine Schwester J. fragte mich einmal in Bezug auf Sterbephasen: »Erkennst du deinen Mann wieder?« Ja, ich erkannte dich in dieser letzten Sterbephase wieder. Aber ich erkannte dich vor allem in deinem Denken und Handeln. Du warst dir selbst treu bis zum Tod.

Im Hospiz hat mich die Begleitung durch die Mitarbeiter immer wieder geerdet. Die Aufmerksamkeit, auch für meine Bedürfnisse, war groß. Ich war frei von jeder Sorge um Essen und Trinken und vieles mehr. Ohne diese Begleitung, diese intensive Begleitung – was wäre aus mir geworden?

Schaue ich diese Erfahrungen im Nachhinein an, spüre ich, dass das, was ich gesammelt habe, mich weiterhin erdet. Ich glaube, der Prozess endet niemals, weil das Erleben fort-wirkt und fort-wirkt ... Rose Ausländer schreibt:

Was vorüber ist
ist nicht vorüber.
Es wächst weiter
in deinen Zellen,
ein Baum aus Tränen
oder
vergangenem Glück.[75]

Vergangenes Glück ist nicht vergangen. Es trägt Früchte. Es wirkt fort und fort und wird jedes neue Erleben durchdringen. In diesen Tagen lese ich alte Liebesbriefe und finde ein schönes Bekenntnis von dir zu mir. Sinngemäß schreibst du, dass du es nicht zulässt, dass irgendjemand eine negative Äußerung über mich machen würde. Du würdest mich schützen und hüten. Du fändest, ich sei eine Schönheit. Mir fällt ein Spruch ein: »Schön ist alles, was man mit Liebe betrachtet.« Danke!
    Vergangenes Glück. Nein, nicht vergangen. Es ist heutig und es bleibt. Als stolze Schönheit gehe ich durch die Welt, weil du mir dieses »Kleid Schönheit« geschenkt hast. Selbst wenn Falten zunehmen, Risse geflickt werden, Sonnenschein, Wind und Wetter die Farben ausbleichen werden, ich fühle mich schön. Danke dafür, du mein Schönster! Die Zeiten des Mitgehens und Selbstgehens neben dir haben mein Menschenbild noch einmal deutlich geklärt, genährt von den Erfahrungen mit mir selbst. Mein Bekenntnis zu mir ist dieses:

Ich bin Adam, ein Mensch aus Erde.
Ich bin Adam, der kein Held ist.
Ich bin Adam, dem die Kräfte ausgehen können.
Ich bin Adam, der Quellen braucht.
Ich bin Adam, der auf die Gnade angewiesen ist,
die von Gott kommt.
Ich bin Adam, der seiner eigenen Gnade bedarf.
Ich bin Adam, ein zutiefst hungriges Wesen.
Ich bin Adam, auf Beziehung angewiesen.
Ich bin Adam, das ganze Leben unterwegs auf dieser Erde.
Ich bin Adam, der sterblich ist.
Ich bin Adam, der, dem neuen Adam gleich, auferstehen wird.

Du bist Adam.

Meine eigene Fehlbarkeit lässt mich hoffentlich gnädiger für die Unzulänglichkeiten und die Fehler anderer werden. Dieses unser gemeinsames Leben hat mehr gefordert, als ich geahnt habe! Es hat auch mehr gegeben, als ich geahnt habe. Ich erinnere mich gut, wie oft ich in den letzten Lebenswochen bereit war, dich gehen zu lassen. Aber es war wohl noch nicht genug gesammelt, nicht genug gelitten, nicht genug geliebt. Es fehlten wohl noch so viele Erfahrungen der inneren Hölle und des inneren Himmels. Es fehlten die Erfahrungen der schmerzlichen Ferne und der wunderbaren Nähe. Rückblickend bin ich dankbar ob der Fülle dieser Erfahrungen. Wie sehr ich begreifen musste, dass ich ich bin und du du bist.

Mein Mann, dort, wo nicht dort ist, nun hat mich die Erinnerung an diese Zeit mit dir erfüllt, heute, mehr als zweieinhalb Jahre nach deinem Tod. Ich bin – neben der immer wiederkehrenden Trauererfahrung, des Erlebens von Einsamkeit vor allem, wenn ich allein Schönes erlebe – immer weiter im Werden, nicht mehr denkbar ohne deine und meine Geschichte. Was wir erlebt haben, wächst weiter. Ich finde, was ich nicht gesucht habe: spannende Gedanken, hilfreiche Erkenntnisse, und immer wieder Dankbarkeit und Liebe. Du bist da.

VORMITTAG DES 1. DEZEMBER 2012

Dein heller Sarg steht in der lichten Halle, die sich mit Menschen füllt. Ich stehe an der Tür und begrüße einige der Trauergäste. Ich freue mich über unsere Familien, über die Freunde und die Nachbarn. Viele deiner ehemaligen Kollegen sind da, und endlich habe ich für manche Namen auch Gesichter. Einige Herren, die mit dir in der Schola gesungen haben, sind da, und ich begrüße einige, die ich kenne. Meine Freundinnen sind gekommen, meine Kolleginnen und die Frauen des Arbeitskreises vom Interkulturellen Frauenfrühstücksforum, die ich extra eingeladen habe. Sie alle sind da.

Und dann sitze ich vorn – umgeben von den Familien – und C., der wie abgesprochen im Ornat des katholischen Priesters gekommen ist, begrüßt mich und die Gäste. Er spricht davon, dass ich ihm einmal geschrieben hätte, dass dieses Leben mit Klaus in den letzten Jahren ein abschiedliches Leben gewesen sei.

Er liest und dein Freund liest und dessen Frau und meine Schwester. Sie alle lesen die Texte, die du bei Franz Kamphaus und Jörg Zink und aus der Bibel geliehen hast. Wir hören unsere englischen Lieder, deine Lieblingslieder, und ich sehe, dass dein Schwager, der die Anlage steuert, weint.

Alles läuft nach Programm, fast. Meine Trauer scheint in einer Ecke zu nisten. Sie behelligt mich nicht, und sie lässt mich klar vor Ort sein. Keine Träne, kein Zusammenbruch, hohe Aufmerksamkeit. Nein, ich habe mich nicht durch Medikamente unantastbarer gemacht. Eher hat sich die Trauer wie von selbst zurückgehalten, um Kraft und Stärke an diesem Tag den Vorrang zu lassen.

Heute muss ich, heute will ich funktionieren. Irgendwann wird die Trauer kommen. Dann wird sie zu brüllen beginnen. Ich hoffe, dass alles laufen möge, wie wir es geplant haben.

Aber dann bricht die Stimme deines jungen Patensohnes, als er liest. Er weint. Ich reagiere in Sekundenschnelle. Ich gehe die wenigen Schritte zum Ambo, bin bei ihm, berühre ihn, lese, und wir finden zum Lesen im Wechsel. Die Trauergäste sind offensichtlich berührt. Ich blende alle aus und lese nur für dich diesen Satz: »An jede erquickende Nacht.«[76]

Ich liebe diesen Text sehr, und in diesem Moment bin ich dir so nah und so glücklich darüber, diese Zeit mit dir gehabt zu haben, und darüber, dass du diesen Text ausgewählt hast. Wenn ich hätte wählen können, was ich zu dieser Feier für dich lesen wollte, dann wäre es dieses »Lied« gewesen, dieses Gebet. Ich hatte ja, weil ich nicht wusste, wie ich an diesem Tag mit mir würde umgehen können, das Mitlesen und Sprechen abgesagt. Nun eröffnet mir dein Patensohn die Möglichkeit zu lesen, genau diesen Text. Eigenartig ist das. Seine brechende Stimme und seine Traurigkeit ist auf einmal eine Chance, die ich ergreife. Wie wunderbar!

Später liest C. das Schlussgebet, das du verfasst hast:

> Manchmal kann das Finale
> auch ein Auftakt sein,
> das Vorspiel zu einer Welt,
> die hinter und zugleich über unseren Vorstellungen liegt.
> Anders als alles,
> größer als alles
> bist du, unser Gott.
> Dir sei die Ehre
> jetzt und alle Tage
> und über alle Tage und diese Welt hinaus.
> Amen.

Als die Toccata zum Auszug erklingt, ist fast alles geschafft. Die Toccata ist eine Triumphmusik. Großartig, wir haben es geschafft, du und ich und unsere Familien und Freunde. Ich bin so erleichtert.

Mit C. und deiner Familie gehe ich hinter deinem Sarg her und berühre noch einmal das Holz…

Du – der lebendige Mensch – bist nicht in diesem Sarg. Aber du bist mir so unendlich nah!

Mit dem anschließenden Kaffeetrinken und meinem abendlichen Glas Wein endet dieser Tag. Das Vermissen beginnt am nächsten Morgen.

»Ich schicke ihn dir zurück,
ihn, das bedeutet mein eigenes Herz« (Brief an Philemon 12).

Grabbeigaben

BLICK IN DIE ZUKUNFT ... 2112

Friedhof Birkenallee. Deine Grabstätte ist eingeebnet. Die Liegefrist ist schon länger abgelaufen. An dieser Stelle will man ein weiteres Urnenfeld gestalten. Erdbestattungen sind im Jahr 2112 unüblich.

Bei den Erdbewegungen stößt man auf offensichtliche Grabbeigaben, einen Ehering, innen eingraviert das Datum vom 24.11.1983 und den Namen Maria. Es ist ein schlichter Silberreif. Außerdem findet sich ein weiterer Ring, schwerer als der andere, auf dem sich außen Gravuren befinden. Bei näheren Untersuchungen stellt sich heraus, dass es sich bei dieser Gravur um ein Liebesgedicht handelt. Außerdem findet man ein schlichtes Bronzekreuz, kaum eine Handbreit hoch, mit drei Längs- und zwei Querbalken.

ANFANG OKTOBER 2012

Sichtbar auf Augenhöhe für dich, wenn du im Bett liegst und zur Wand blickst, hat der Hausmeister dein Bronzekreuz angebracht. Du hattest es dir selbst viele Jahrzehnte zuvor gekauft, und es bedeutete dir viel. All die Jahre unserer Ehe hatte es unseren Hausflur geschmückt.

»Ich möchte das Kreuz mitnehmen ins Grab«, sagst du.

Ich mag dieses Kreuz in seiner schlichten, unaufdringlichen, gradlinigen Form sehr und möchte es gerne als Andenken an dich behalten. Aber du lässt nicht mit dir handeln. »Du hast deine eigenen Kreuze«, sagst du entschieden. Dann zählst du auf, was du noch mitnehmen möchtest, nämlich den »Liebesring«, den ich dir im Jahr zuvor geschenkt habe. Ganz wichtig ist dir, den Ehering am Finger zu tragen, auch im

Sarg, ihn also mitzunehmen. Das verwundert mich zunächst. Ich werde also keine Witwe sein, die der Tradition gemäß den Ehering des verstorbenen Mannes hinter den ihren schieben wird, um die Witwenschaft anzuzeigen. Ich werde auch keine Entscheidung darüber treffen müssen, ob ich beide Ringe zu einem Schmuckstück verarbeiten lasse. In mir macht sich Freude breit. Du weißt, dass du nichts mitnehmen kannst in die Ewigkeit. Das, was du mitnehmen willst, wird in der Erde länger »überleben« als dein Leib. Es sind Symbole für das, was dir in deinem Leben wichtig war. Unsere Ehe, mein Name, die Liebe und der christliche Glaube.

Als in den letzten Tagen deine Finger stark anschwellen, will Schwester J. dir den Ehering abnehmen, da man ihn sonst nachher nicht mehr vom Finger bekommt. Du weigerst dich und verweist darauf, dass du ihn mitnehmen willst ins Grab. Ich verspreche dir, dir diesen Ring wieder auf den Finger zu setzen und ihn dir mit in den Sarg zu geben.

Deine Grabbeigaben sind von hoher Bedeutung für uns beide. Das Kreuz deutetest du in einem Brief im Jahr unserer Eheschließung in einer schwierigen Situation als Symbol unseres Glaubens. Diese deine Deutung ist über alle weiteren Jahre für uns wichtig gewesen:

»Ich denke an deine Worte über das Kreuz und über die Auferstehung. Ich vermute, niemand nimmt ein Kreuz gern auf sich ..., aber vielleicht beginnt es gerade da, wo wir merken: Jetzt ist es so, nicht gesucht, nicht geplant, sondern so ist jetzt unser Zustand.

Mir fällt ein, dass das Kreuz ja doch ein Bild unseres Glaubens ist, kein Vorbild, aber ein Symbol, das in unserem Glauben auch unsere Wirklichkeit deuten kann. Und es ist, wie alle biblischen Bilder, ein Symbol der Begleitung.

Mensch, Maria, wenn uns etwas vor der Verzweiflung bewahren kann, dann sind es die Symbole unseres Glaubens! – Gerade da, wo ich so handgreiflich erfahre, wie wenig ich tun kann, wie hilflos ich bin... helfen mir die Bilder unseres Glaubens, Tritt zu fassen...«[77]

Der Liebesring ist das jüngste Symbol unserer Beziehung.

»Seit einigen Tagen ringe ich mit mir, weil ich ihm ein Liebessymbol schenken wollte«, habe ich am 1. November 2011 notiert. »Ich hatte einen Ring mit einem Rilkegedicht gefunden. (...) Nun habe ich diesen Ring bestellt. Er soll ihn nicht tragen, aber er kann ihn halten. Meine Liebeserklärung bis ... ja bis ... immer.« Nachdem ich ihn dir geschenkt hatte, schriebst du in deinen Aufzeichnungen:

»Ich habe einen Liebesring geschenkt bekommen und war gerührt über dieses Bemühen, dies auf diesem Weg zu zeigen. Leider fallen dann sofort auch alle Dämme in sich zusammen, die Halterungen brechen zusammen. Die ganze Angst bricht sich dann Bahn und kann nur schwer wieder eingefangen werden.«[78]

So viel hängt an unserem Liebesring!

In der Liebe hast du den eigentlichen Sinn des Lebens gesehen. In der Liebe, so wie du sie verstanden hast:

»Bei mir lösen (diese) Situationen ... auch wieder Überlegungen nach dem Sinn meines Lebens, nach der Möglichkeit, etwas abzuschließen ... (aus).

Ein alter Gedanke greift dabei wieder Raum: Die LIEBE ist dieser mich überdauernde, aber auch durch mich zu füllende Strom, an dem ich mitwirke, von dem ich zugleich getragen werde und der mein Tun aufnimmt und ihm seine Bedeutung gibt.

Die Liebe ist es, die bleibt, und damit all das, was ich an Liebe geschenkt, verbreitet und weitergegeben habe. Da mögen die Konturen verschwinden, dies bleibt. Die Liebe ist aber auch die Spur Gottes in dieser Welt. Es ist nicht die Schöpfung, die seine Spur darstellt, nicht die Natur mit ihren beeindruckenden, aber auch verstörenden Gesetzmäßigkeiten, sondern es ist die Liebe, die die Welt zu ändern vermag und sie voranbringt. Insofern stimmt der Titel von Zink: ›Was bleibt, stiften die Liebenden.‹[79]

Und es ist auch so, dass wir im Laufe unseres Lebens immer mehr verstehen, immer neue Aspekte entdecken und Zusammenhänge erkennen. Wir sind einfach während des gesamten Lebens auf dem Weg. Inso-

fern stimmt es, dass wir jetzt vieles verzerrt oder wie in einem Spiegel schemenhaft erkennen. Dann aber – dies dürfte die Vollendung sein – in voller Klarheit uns selbst und IHN erkennen dürfen und können«,
schreibst du im Herbst 2011 kurz nach dem Tod unseres noch jungen Nachbarn.

Der Ehering erinnert mich daran, dass dir mein Name wichtig war. Du mochtest nicht, wenn er verkürzt wurde. Du hast mich mit meinem Namen gerufen. Ich hörte in deiner Aussprache all das, was du mir in meinem Namen zugeschrieben hast. Es war auch der Klang deiner Stimme, einer guten Singstimme, die ich in meinem Namen – von dir ausgesprochen – geliebt habe. Du schriebst mir 1982, im Jahr unseres Kennenlernens, ein Namenstags-Gedicht, eine außerordentliche Liebeserklärung:

> Zum Fest des Namens MARIA
> – ein Name der klingt, wie Musik.
> Deinen Namen lieben
> heißt, dich selbst zu lieben,
> ihn nicht zu entstellen,
> nicht zu verformen,
> nicht zurechtbiegen,
> nicht Mary, nicht Mariechen aus dir
> machen zu wollen.
> MARIA
> Du Mädchen
> mit dem Gespür für Leben in dir,
> mit der Bereitschaft, alles auf eine Karte zu setzen,
> mit der Energie der Entschlossenen
> und der Verzagtheit der Verletzlichen,
> mit der Fähigkeit, ganz zu sein,
> ganz »da« und ganz »für«,
> mit der Ausdauer der Standfesten,
> wenn das Glück sich verdunkelt,
> mit der Sicherheit der Intuition,

> mit einer Antenne für Ahnungen
> und einer Sensibilität für Sehnsucht,
> mit der Gabe des Zorns und der Tränen,
> wenn die Seele sich zusammenpresst,
> mit einem Herzen, das ganz voll ist mit Liebe
> und das doch sammelt und hortet,
> wie man Schätze sammelt, die ihre Zeit haben.
> Du Schatz, der ...
> Du Schatz, der ...[80]

Wie untrennbar hast du mich und meinen Namen gemacht. Danke dafür!

Irgendwann einmal wird von deinem Körper nichts übrig sein. Aber die Metalle werden sich wiederfinden lassen. Man wird sagen: »Der Mensch, der hier seine letzte Ruhe fand, er war ein Christ, er war geliebt, und er war ein Ehemann!« Danke, mein Geliebter in der Ewigkeit.

Heute steht auf deinem Grab ein schmiedeeisernes Kreuz – dem deinen nachempfunden, aber abgewandelt. Ein Schmied in Tirol hat je drei Längs- und drei Querbalken nach meiner Idee zu einem Kreuz verbunden. Dort, wo sich die Balken kreuzen, sind drei Spiegel in unterschiedlichen ovalen Größen angebracht, bewusst mit Einschlüssen, sich an alten Spiegeln orientierend. Es ist unser gemeinsames Glaubensbekenntnis geworden, was Paulus im 1. Korintherbrief 13 im Hohen Lied der Liebe beschreibt:

> Denn Stückwerk ist unser Erkennen,
> Stückwerk unser prophetisches Reden.
> ...
> Jetzt schauen wir in einen Spiegel
> und sehen nur rätselhafte Umrisse,
> dann aber schauen wir von Angesicht zu Angesicht.
> Jetzt erkenne ich unvollkommen,
> dann aber werde ich durch und durch erkennen,
> so wie ich auch durch und durch erkannt worden bin.[81]

Oder, in deinen Worten: »Insofern stimmt es, dass wir jetzt vieles verzerrt oder wie in einem Spiegel schemenhaft erkennen. Dann aber – dies dürfte die Vollendung sein – in voller Klarheit uns selbst und IHN erkennen dürfen und können.«

Zum Ende des so langen Briefes

10. SEPTEMBER 2015

Mein Liebster in der Ewigkeit,

ich sitze im Gästegarten des Klosters Marienrode in der Nähe von Hildesheim. Die Sonne ist in diesen Tagen in wunderbarer Herbstlaune. Für diese Woche habe ich mir vorgenommen, dieses Schreiben, diesen so langen Brief, zu beenden. Die klösterlichen Strukturen helfen mir dabei, den Tag ohne jegliche Verpflichtung zu genießen und zugleich die Zeiten des Schreibens zu unterbrechen, wenn mich ein reich gedeckter Tisch einlädt oder die Horen gesungen werden. Die Schwestern singen sehr klar, nein, mein Liebster, nicht piepsig. Ich höre ihnen lieber zu als manchen Klosterbrüdern, die sich so gar keine Mühe geben.

Gestern habe ich mein Vorhaben umgesetzt und bin nach dem Mittagessen nach Hildesheim gefahren, um mir den Dom anzuschauen. Als ich ihn betrat, habe ich laut zu dir gesprochen: »Schau, Klaus, wie schön der Dom ist.« Die Klarheit des Raumes, die Helle und die einzelnen Prunkstücke, wie Bernwardstür und Christussäule und der wunderbare Leuchter, haben mich erfreut. Ich gehe – auch, wenn du nie hier gewesen bist – auf deinen Spuren durch diese Stadt, durch die Welt, vor allem auch durch die kirchlichen Welten. Vielleicht ist es eher ein Mitgehen. Begleitest du mich? Es sind dieselben Dinge, die dich erfreut haben, die mich heute mit dir verbinden. Der tausendjährige Rosenstock ist über und über voller Hagebutten.

In der letzten Woche habe ich Zweige mit Hagebutten auf dein Grab gebracht. Und auch auf meinem Terrassentisch steht ein Bündel Hagebuttenzweige. Wenn ich morgen wieder heimfahre, werde ich sie vorfinden.

Es wird Herbst.

Zum dritten Mal jährt sich die Zeit des Umzugs ins Hospiz. Zum ersten Mal fühlen sich die Erinnerungen weniger schmerzlich an. Hier, Klaus, hier in diesem schönen, stillen Garten hinter dem Gästehaus des Klosters, in dem noch einmal die Rosen blühen, Levkojen und ein paar andere Stauden Farben versprühen, in dem mir seit Tagen ein kleines Gartenrotschwänzchen schwanzwippend von der Leichtigkeit des Lebens erzählt – hier hat mir heute schon zweimal eine große, grüne Libelle ihren Tanz gezeigt. Wie schnell sie ihre Runden dreht und vorbeifliegt und wiederkehrt. Du weißt es ja inzwischen. Während mich der Flug der ersten Libellen, die ich nach deinem Tod bewusst wahrgenommen habe, zum Weinen gebracht hat, freue ich mich nun jedes Mal, wenn eine Libelle vorbeifliegt.

Es erwacht ein lächelndes Gefühl in mir. Ja richtig, das gibt es: ein lächelndes Gefühl. Wenn ich lächle, wird alles weit und zärtlich. Alles öffnet sich. Der Körper, das Herz und die Seele gehen auf. Ich kann tief durchatmen und finde mich wunderbar getröstet.

Im Eingangsbereich des Klostergutes gibt es ein Bodenlabyrinth. Ich bin es gleich am ersten Tag gegangen. Heute werde ich es noch einmal gehen und mir darüber klar sein, dass ich mit dieser Geschichte in der Mitte angekommen bin. Sie ist fast geschrieben.

Ich kann den Rückweg antreten. Und ich freue mich darauf. Ich habe alle Erfahrungen im Gepäck, die mir auf diesem Labyrinth-Weg der Erinnerung, beim Schreiben dieses langen Briefes zugemutet und auch geschenkt wurden. Verändert und reich gehe ich zurück.

Für meinen Rückweg und als Geschenk an dich im »Ganz Anderen« zitiere ich zum Abschluss Fulbert Steffensky und Dorothee Sölle. Mir scheinen sie sehr passend für uns beide, weil es um die Liebe geht, um die Liebe, mit der Gott in der Welt ist, und noch mehr um die Liebe, in der wir weiterexistieren.

»Mystische Sätze wie ›Wo die Liebe ist, da ist Gott‹, bleiben auch im Sterben eines Menschen wahr. Sie werden nicht zunichte. Der Tod kann sie nicht aufheben, muss er nicht vor der Liebe kapitulieren. (…)

Ja, Gottes Weiterexistenz und der Satz: ›Ich in dir, du in mir, niemand kann uns scheiden‹ reichen völlig. Aber mit ihm gehst du aufs Ganze. Damit sagst du nichts anderes, als andere mit anderen Bildern der Ganzheit aussagen.«[82]

Und ich kann nicht schließen, ohne ein Zitat von Bernhard Welte, ein langes und wunderbar tröstendes Zitat dazu. Es findet sich am Ende des Buches, das in meinem Regal steht, seit du es in Freiburg gekauft hast. Ich schrieb schon davon.

»Am Ende aber muss man sagen, dass man mit der Religion an kein Ende kommt. Zuerst, weil man mit dem, was wir Menschen sind, an kein Ende kommt. Wir müssen die Höhen und Tiefen des Menschlichen durchstreifen, die Angst und die Hoffnung, das Innere und das Äußere, das Reden und das Schweigen, das höchste Licht und das tiefste Dunkel, das strahlendste Ja und das dunkelste und verborgenste Nein. Wir müssen mit dem Menschen auch die ganze Welt des Menschen durchstreifen, das Nichts und das Alles, den Himmel und die Erde und Bilder und Figuren der mannigfaltigsten und unerschöpflichsten Art.

Wer aber will sagen, dass er mit all dem das Herz des Menschen ausschöpfen kann und die Fülle der Welt des Menschen? Da kommen wir an kein Ende.

Und mit dem, was man mit dem kurzen Wort Gott nennt als den Angelpunkt aller Religion, kommt man erst recht an kein Ende. Man kann sich in die Tiefe der schweigenden Meditation versenken, man kommt an kein Ende. Man kann alle Weisen der Sprache durchgehen und alle Gestalten der Welt und der möglichen Symbole aufbieten, man kommt an kein Ende. Man kann das Meer der Gottheit nicht ausschöpfen.

Aber, da wir nicht anders als mit endlichen Worten und Gedanken das Endlose umkreisen können, so müssen wir diesen Gedanken ein Ende setzen. Wir wollen es aber nicht tun, ohne zu bekennen, dass alle diese Worte und Gedanken schließlich zurückbleiben müssen hinter dem Unausschöpflichen.«[83]

Klaus, ist es nicht schön, dass das Leben nicht nur Rätsel aufgibt, sondern Geheimnisse hütet? Auch das, was der Tod ist, bleibt ein Geheimnis, wie du es gern formuliert hast. Unser Gott ist und bleibt es auch, ein Geheimnis, und »in der Tiefe bleibt das Herz doch von Gott berührt«[84]. Und ich füge hinzu: Ja, und mein Herz bleibt außerdem in seiner Tiefe von dir berührt.

Danke für unser Leben.

Danke für deine Liebe.

Nachwort:
Selbstbestimmtes Sterben

HERBST 2015

»Hat dein Mann nie daran gedacht, einen früheren, selbstbestimmten Tod zu wählen, um keine Schmerzen erleiden zu müssen, sich vor allem aber der Angst vor dem Leid zu entziehen?« – Diese Frage ist mir gestellt worden. Meine Antwort ist eindeutig: Nein. Ganz klar, nein. Nein, du hättest dich niemals umgebracht, und ich hätte es auch nicht verstanden. Gerade weil wir in der letzten Phase deines Lebens besonders aufmerksam, einvernehmlich und offen miteinander umgegangen sind. Gerade weil wir das Leben als Geschenk und nicht mehr als Selbstverständlichkeit begriffen. Gerade weil das Leben in seiner Brüchigkeit für uns sehr viele Zeiten großen Glücks bereitgehalten hat. All das macht diese Zeit so unglaublich wertvoll. Es war Leben pur. Es war Leben in allen Farben und Farbschattierungen. Es war Leben, das wir nicht gehabt hätten, wenn du dich selbst getötet hättest.

»Es geht nicht darum, dem Leben mehr Stunden zu geben, sondern den verbleibenden Stunden mehr Leben«, formuliert die Gründerin der modernen Hospizbewegung, Cicely Saunders, die als Krankenschwester, Sozialarbeiterin und Ärztin tätig war. Dieses Zitat steht auch auf der Homepage des Hammer Hospizes »Am Roten Läppchen«, in dem wir Gäste waren.

Wie unterschiedlich Cicely Saunders Satz zu füllen ist, wie unterschiedlich Menschen beschreiben, was für sie Leben bedeutet, das kann man als Gast im Hospiz hören und sehen.

Für dich hat dieser Satz bedeutet, in deinem Leben als Leidender, mit einem gemarterten Körper auch in den verbleibenden Lebenszeiten Sinn zu finden. Für dich war es letztendlich eine Frage an deinen Osterglauben, wie du dein Leben im Hospiz lebst.

Über die Gestalt des zweifelnden Thomas aus dem Johannesevangelium[85] hast du dich dem leidenden Christus angenähert. Franz Kamphaus beschreibt Thomas als jemanden, der den Finger in die Wunde legen will, denn »Was er (Jesus Christus) erlebt und erlitten hat, sitzt ihm nicht nur in den Kleidern. Es hat in seiner Gestalt deutlich Spuren hinterlassen. Wie könnten die Zeichen seiner Liebe verschwunden sein? Sie zeichnen ihn unauslöschlich, kennzeichnen ihn. ›Caro cardo salutis – Das Fleisch ist der Angelpunkt des Heiles‹ (Tertullian). Die Auferstehung haftet im Fleisch. Sie bricht genau dort ein, wo der Tod sitzt. Wo denn sonst?«[86]

Das war dir wichtig, du Religionsphilosoph und Glaubender. »Die Auferstehung haftet im Fleisch.«

Du hättest dich nicht selbst getötet, weil du es für wahr gehalten hast, ja geglaubt hast, dass »Wunden nach innen in die Tiefe [führen]. Würden sie übersprungen, der Glaube wäre flach und oberflächlich«, schreibt Franz Kamphaus, und du hast ihm darin recht gegeben: »Es sind ja gerade die Wunden, die uns im Leben zu schaffen machen: das erlittene Unrecht, Krankheit, Scheitern, die wahnsinnigen Klein- und Großkriege. Da kann man an Gott und der Welt verzweifeln. Der Gott, an den Christen glauben, geht an den Wunden nicht vorbei, er trägt sie selbst. So fremd sie uns und unserer Zeit anmuten, sie sind uns in der Nachfolge Jesu zugemutet.«[87] Sie sind uns zugemutet! Ja, es war wohl so, dass du dich wie Thomas »über die Wunden an den Auferstandenen und damit an den Osterglauben«[88] herangetastet hast. Das war dir wichtig.

Und, nein, dies ist ganz und gar keine Verklärung des Leidens.[89]

Auch Dorothee Sölle setzt sich mit der Frage nach Krankheit und Tod immer wieder auseinander, vor allem in ihrem Buch »Mystik des Sterbens«: »Sind Krankheit und Tod nur noch die Orte dramatischer Sinnlosigkeit?«[90], fragt sie und fürchtet, dass Menschen immer weniger einüben, »das Leben anzunehmen, sich Grenzen zuzugestehen, das Leben auch im Fragment und in der Gebrochenheit als sinnvoll zu betrachten«[91]. Sie spricht vom Verlust der »pathischen Begabung der Menschen, ihrer Fähigkeit, etwas zu erleiden«[92].

Menschen fürchten häufig nicht den Tod, sondern qualvolles Sterben. Menschen fürchten Schmerzen. Aber Leiden ist nicht gleichzusetzen mit Schmerz. Menschen leiden an Verlusten. Menschen leiden an Einsamkeit.

Menschen leiden an anderen Menschen. Menschen fürchten sich vor der Furcht.

»Die Menschen haben oft Angst, mit Schmerzen und einsam zu sterben. Dagegen sorgt die Hospizbewegung dafür, dass die ausgefeiltesten Methoden der Schmerzbehandlung zum Einsatz kommen und dass man zu Hause oder im Hospiz an der Hand eines Menschen sterben kann. Damit der sterbende Mensch sich da aber wirklich geborgen fühlen kann, muss eines sicher sein: Nirgendwo darf er in den Augen der Mitmenschen, die ihn begleiten, die unausgesprochene Frage sehen: Soll ich dich töten oder beim Töten helfen? Bist du nicht dir selbst und uns eine Last? Bist du es noch wert zu leben? Der Artikel 1 unseres Grundgesetzes ›Die Würde des Menschen ist unantastbar‹ setzt voraus, dass man über keinen Menschen sagen darf: Es ist nicht gut, dass du lebst. Und wenn ein Mensch das in höchster Not von sich selber sagt, dann hat er in einer humanen Gesellschaft den Anspruch, dass er Mitmenschen begegnet, die ihm widersprechen und ihm sagen: Es ist gut, dass es dich gibt. Das ist die Grundlage unserer Werteordnung.«[93]

Für jeden Gast im Hospiz gilt die ganzheitliche Versorgung und Begleitung. Und für jeden Gast sieht diese anders aus, eben individuell. Auch wenn die christlichen Kirchen Träger dieser Hammer Einrichtung sind und somit die Motivation des Handelns deutlich zuzuordnen ist, ist jeder Gast gern willkommen, ob er einer christlichen Kirche, einer anderen Religion angehört oder Atheist ist.

In der Zeit, als wir dort Gäste waren, starb ein Mann muslimischen Bekenntnisses im Zimmer nebenan. Es war eine völlig neue Erfahrung für mich, als im sonst eher stillen Haus in der Nacht viele Angehörige und sogar Nachbarn im Hospiz zugegen waren. Es war nicht laut, eher unruhig. Man hörte Stimmen, man hörte Menschen flüstern, man hörte Schritte. Ich ging ins Wohnzimmer. Dort schlief ein kleiner Junge auf dem Sofa. Mit einer Nachbarin des Verstorbenen sprach ich über den eher noch unüblichen Schritt türkischer Migranten, ihren Angehörigen nicht daheim Sterbebegleitung zu leisten.

Die Frau zeigte sich beeindruckt davon, dass im Hospiz alles geschah, was für einen Verstorbenen muslimischen Glaubens zu tun war – bis hin zur Anwesenheit des Imams. Wie für jeden Gast des Hospizes waren Begleitung und Sterben deutlich von den individuellen Bedürfnissen des Sterbenden und seiner Familie bestimmt.

Auch du, mein Verstorbener, bist deinen eigenen Tod gestorben. Während dein Körper schwächer wurde, deine Haut wie eine zu groß gewordene Hülle an deinen Knochen hing, reiftest du und konntest zu einer inneren Größe wachsen. Außen blasse, graue Haut und sichtbare Knochen – innen ein vielfarbiges Leuchten. Dabei wurde dir auch viel Gnade geschenkt. So warst du bis zu deinem Tod intellektuell klar. Du hattest meistens keine oder kaum Schmerzen. Du warst begleitet, umsorgt und nicht allein.

Du hast vieles verloren. Aber es war zum Ende kein Verlust mehr. Es ging ja nicht ums Wiederfinden. Es ging ja nicht ums Behalten. Es ging ums Gehaltensein. Ich durfte miterleben, wie du dich selbst gewonnen hast. Und das, mein Mann in der Ewigkeit, mein Ewiger, das ist mein großer Gewinn, den ich hüte und mitteile.

Anhang

1. Zink, Jörg, Was bleibt, stiften die Liebenden, S. 314 f., auch 1 Kor 2,9
2. www.karmelitenkloster-stjoseph.de, 2016
3. Gott verheißt dem Mose für das Volk Israel »ein schönes weites Land, ein Land, in dem Milch und Honig fließen«. Und auch an anderer Stelle in der Bibel findet sich dieses Bild wieder. – Die Kundschafter bringen eine große Traube mit, die sie über zwei Stäben tragen, und berichten dem Mose, dass sie das Land gefunden haben, »in dem Milch und Honig fließen« (Numeri 13,27).
4. »Es geht zum Herbst, die Luft wird seltsam blass.
   Die reifen Äpfel fallen dumpf ins Gras.
   Die Störche suchen längst den Wanderpfad.
   Die Nacht wird kalt und Allerseelen naht.
   Bald stirbt das Laub, und so kommt eins zum andern.
   Mein lieber Freund, wann müssen wir wohl wandern.«
   Carl Busse, Herbstbeginn, in: Vom Reichtum der deutschen Seele. Ein Hausbuch deutscher Lyrik, hg. v. Georg Virnsberg, Leipzig 1928
5. Rilke, Rainer Maria, in: Ulla Hahn, Stimmen im Kanon, S. 251
6. Mesusa (hebr. Türpfosten), von Menschen jüdischen Glaubens an den Türpfosten ihrer Wohnung angebrachte Schriftkapsel, die Gebete, u. a. das wichtigste Gebet ihrer Religion enthält, das sogenannte Sch'ma Jisrael: »Höre, Israel! Der Herr ist dein Gott ...« (Deuteronomium 6,4 ff.).
7. Vgl. Matthäusevangelium 26,38.40: Jesus findet die Jünger schlafend, die ihn auf dem Gang zum Ölberg begleitet hatten. Während er voller Traurigkeit und Angst betete, waren die Jünger eingeschlafen, obwohl er sie zuvor gebeten hatte: »Bleibt hier und wacht mit mir.« Daraufhin fragt er Petrus: »Konntet ihr nicht einmal eine Stunde mit mir wachen?«
8. Horkheimer, Max, Die Sehnsucht nach dem ganz Anderen, S. 41
9. Zink, Jörg, Wie wir beten können, S. 21
10. Ebd., S. 219
11. Siehe: Frisch, Max, Tagebuch 1946–1949, S. 122
12. Perahia, Murray, Bach Partitas 2, 3 & 4, Sony Classical
13. Predigtauszug Pfr. Bernd Mönkebüscher: Immer wieder lesen wir von Umfragen, wie viel Prozent der Christen an die Auferstehung Jesu glauben. 2012 waren es laut eines Zeit-Berichtes 40 % der Katholiken. Wie tröstlich, dass wir im heutigen Evangelium von Menschen lesen, die vermutlich auch nicht an die Auferstehung Jesu glaubten, aber dennoch erfuhren, dass Er lebt. Genau genommen bekommen sie es in diesem Evangelium nur gesagt, dass Er lebt, so wie es uns gesagt ist. Also machen wir uns mit den Frauen auf den Weg zum Grab, um einen Zugang zu finden. Denn den finden die Frauen: Der Stein ist weg, die Grabhöhle

offen. Sie haben keine Angst hineinzugehen, sich der Leere im Grab zu stellen, denn sie finden nichts. So gesehen sind alle unsere Gräber leer: Das Leben finden wir in ihnen nicht mehr, es ist woanders, das Leben, in: www.wegwort.de, Ostern 2015, Markusevangelium 16,1–7

14 Aufzeichnungen Klaus Hagenschneider, Privatbesitz
15 Aufzeichnungen Klaus Hagenschneider, Privatbesitz
16 Siehe: Kamphaus, Franz, Gott ist kein Nostalgiker, S. 92. Relief um 1150, Santo Domingo de Silces, Kreuzgang
17 Sölle, Dorothee, Mystik des Todes, S. 13
18 Shriver, Lionel, Dieses Leben, das wir haben, S. 531
19 Zink, Jörg, Wie wir beten können, S. 219
20 Huub Osterhuis im Gotteslob, Nr. 422
21 Ebd.
22 www.duden.de
23 Gotteslob, Nr. 329, Strophe 3
24 Brief von Klaus Hagenschneider an seine Schwiegermutter, Privatbesitz
25 Sölle, Dorothee, Mystik des Todes, S. 13
26 Palmen, Connie, Logbuch eines unbarmherzigen Jahres, S. 77 f.
27 Aufzeichnungen Klaus Hagenschneider, Privatbesitz
28 Zink, Jörg, Was bleibt, S. 315
29 Ebd.
30 Siehe Kapitel: »Ein evangelisches und ein katholisches Kind«
31 Siehe Gierl, Irmgard, Alte Strickkunst, S.29
32 Aufzeichnungen Klaus Hagenschneider, Privatbesitz
33 Persische Wortwendung für Liebe
34 Hagenschneider, Maria, Sein wie ein Baum, in: Mit Gefühl, S. 85, mit freundlicher Zustimmung des August-von-Goethe-Literaturverlags:
Sein wie ein Baum,
geerdet – gehalten von dort, wo ich herkomme,
gehimmelt – gezogen von dort, wo ich hin will,
ausgespannt zwischen Himmel und Erde.
Sein wie ein Baum,
Wege suchend,
tiefer hinein in den Schoß der Erde,
höher hinauf in das Dach des Himmels,
ausgespannt zwischen Himmel und Erde.
Sein wie ein Baum,
Erde – wo ich herkomme,
Himmel – wo ich hin will,
ob es sich gleich bleibt,
Himmel in mir,
Erde in mir.

Sein wie ein Baum,
im Himmel – auf Erden.
Sein wie ein Baum,
Mensch.

35 Z. ist keine Christin.
36 Bonhoeffer, Dietrich, Widerstand und Ergebung, S. 99
37 *La figura*, die Figur, die Gestalt, das Erscheinungsbild, das ist etwas Konkretes, das nicht unbedingt etwas mit der inneren Realität zu tun haben muss. Die *bella figura* soll aber im Idealfall nicht bloßer Schein sein, sondern der Spiegel der eigenen Person.
38 Sölle, Dorothee, Fliegen lernen, Berlin 1979, S. 38
39 Schneider, Catrina E., in: Manchmal wird das Wort zum Zeichen, S. 93
40 Renate Wind, Grenzenlos glücklich, Liedtext nach Henry Francis Lyne, S. 70 f.
41 Gotteslob, Nr. 94: Bleibe bei uns, die Sonne gehet nieder…
42 Gotteslob, Nr. 325: Bleibe bei uns, du Wandrer durch die Zeit…
43 Lukasevangelium 24,32
44 Siehe: CD-Liste im Anhang
45 Brathuhn, Silvia u. a., in: Manchmal wird das Wort zum Zeichen, S. 150
46 Welte, Bernhard, Gesammelte Schriften, S. 173
47 Ebd., S. 173 f.
48 Siehe: Kapitel »Abschied«
49 Seit Oktober 2015 ist hier die erste Hindu-Begräbnisstätte Deutschlands angelegt.
50 Von den HospizmitarbeiterInnen hatte ich schon sehr früh gehört, dass manche Menschen auf ihren Todeszeitpunkt Einfluss nehmen können. Es gibt Beispiele dafür, dass Menschen ihr Sterben hinauszögern, wenn sie noch jemanden dringend erwarten. Aber auch, wenn sie allein sterben möchten, nutzen Sterbende häufig die Zeiten der kurzfristigen Abwesenheiten geliebter Menschen und sterben.
51 Candolini, Gernot, Segen, S. 167
52 Beruhigende Waschungen sind, ebenso wie belebende Waschungen, Methoden der basalen Stimulation und Kommunikation.
53 Vgl. Lukasevangelium 24,1 und Markusevangelium 16,1
54 Kapp, Andreas, Auf Leben und Tod, S. 36
55 Ausländer, Rose, in: Manchmal wird das Wort zum Zeichen, S. 150
56 Es war das Plakat des 85. Deutschen Katholikentages, der 1978 in Freiburg stattgefunden hatte. Freiburg war deine Sehnsuchtsstadt. Damals kannten wir uns noch nicht.
57 Original von Barrett-Browning, Elizabeth, 1850, Sonnets from The Portuguese – XLXXX:

How do I love thee? Let me count the ways.
I love thee to the depth and breadth and height
My soul can reach, when feeling out of sight
For the ends of Being and ideal Grace.
Übersetzung von Rainer Maria Rilke, 1908

58 Kaschnitz, Marie Luise, Gesammelte Werke, S. 104
59 Westfälischer Anzeiger vom 23. Juni 2015
60 Wird Franz Kafka zugeschrieben und findet sich häufig in Traueranzeigen
61 Altes Stufengebet, vor dem II. Vatikanischen Konzil
62 Vgl. Stufengebet:
    Priester: Send mir dein Licht und deine Wahrheit, dass sie zu deinem heiligen Berg mich leiten und mich führen in dein Zelt.
    Messdiener: Dort darf ich zum Altare Gottes treten, zu Gott, der mich erfreut von Jugend auf.
    Priester: Dann will ich dich mit Harfenspiel lobpreisen, Gott, mein Gott. Wie kannst du da noch trauern, meine Seele, wie mich mit Kummer quälen?
    Messdiener: Vertrau auf Gott, ich darf ihn wieder preisen; er bleibt mein Heiland und mein Gott.
63 Candolini, Gernot, Die Faszination der Labyrinthe, S. 17 f.
64 Siehe Kapitel »Der weiße Stein«
65 Kaschnitz, Marie Luise, Gesammelte Werke, S. 104
66 Ebd.
67 Seminarmitschrift, März 2015
68 Hagenschneider, Maria, Mit Gefühl, S. 17
69 Palmen, Connie, Logbuch eines unbarmherzigen Jahres, S. 20
70 Zink, Jörg, Wie wir beten können, S. 212
71 Bieri, Peter, Eine Art zu leben, S. 153
72 Siehe: Nachwort »Selbstbestimmtes Sterben«
73 Renz, Monika, Hinübergehen, widmet dem Thema »Gutes Sterben« ein ganzes Kapitel. Der Begriff wird sehr unterschiedlich gefüllt.
74 Kachler, Roland, Meine Trauer wird dich finden, S. 105
75 Zink, Jörg, Wie wir beten können, S. 212
76 Brief von Klaus Hagenschneider an Maria Hagenschneider vom 18. April 1983
77 Aufzeichnungen Klaus Hagenschneider, Privatbesitz
78 Buchtitel von Jörg Zink, Was bleibt, stiften die Liebenden
79 Klaus Hagenschneider in einem Brief an Maria Hagenschneider, Privatbesitz
80 1 Korintherbrief 9 und 12
81 Sölle, Dorothee, Mystik des Todes, S. 144

82 Welte, Bernhard, Gesammelte Schriften, S. 234
83 Ebd., S. 235
84 Vgl. Johannesevangelium 20,24–29
85 Kamphaus, Franz, Gott ist kein Nostalgiker, S. 96
86 Ebd., S. 97
87 Ebd.
88 Siehe: Kapitel »Grabbeigaben«
89 Sölle, Dorothee, Mystik des Todes, S. 31
90 Ebd.
91 Ebd.
92 FAZ vom 14.10.2016, Rainer Maria Kardinal Woelki, Erzbischof von Köln http://www.kbwn.de/html/sterben_in_wuerde.htm

Literatur

Bieri, Peter, Eine Art zu leben. Über die Vielfalt menschlicher Würde, Frankfurt 2015
Bonhoeffer, Dietrich, Widerstand und Ergebung, München/Hamburg ^{5}1968
Brathuhn, Sylvia / Drolshagen, Christoph / Lamp, Ida / Schneider, Catrina E. (Hg.), Manchmal wird das Wort zum Zeichen. Texte für schwere Stunden, Gütersloh 2005
Candolini, Gernot, Die Faszination der Labyrinthe, München ^{4}2012
Candolini, Gernot, Segen: Kraftquelle des Lebens, München 2013
Die Bibel. Einheitsübersetzung der Heiligen Schrift, Freiburg 1980
Frisch, Max, Tagebuch 1946–1949, Frankfurt 1971
Gierl, Irmgard, Alte Strickkunst, Freiburg 1979
Gotteslob, Katholisches Gebet-und Gesangbuch, hg. v. den Bischöfen Deutschlands, Österreichs und Bozen-Brixen, 2013
Hahn, Ulla (Hg.), Stimmen im Kanon. Deutsche Gedichte, Stuttgart 2003
Hagenschneider, Maria, Mit Gefühl – Mitgefühl. Gedichte, Frankfurt 2005
Horkheimer, Max, Die Sehnsucht nach dem ganz Anderen. Ein Interview mit Kommentar von Helmut Gumnior (Stundenbücher Band 97), Berlin 1970
Kachler, Roland, Meine Trauer wird dich finden. Ein neuer Ansatz in der Trauerarbeit, Freiburg ^{10}2009
Kamphaus, Franz, Gott ist kein Nostalgiker. Anstöße für die Fasten- und Osterzeit, Freiburg 2005
Kaschnitz, Marie Luise, Gesammelte Werke, Band 5: Die Gedichte, Berlin 1985

Knapp, Andreas, Heller als Licht. Biblische Gedichte, Würzburg ²2015
Knapp, Andreas, Gedichte auf Leben und Tod, Würzburg ³2013
Palmen, Connie, Logbuch eines unbarmherzigen Jahres, Zürich 2014
Renz, Monika, Hinübergehen – Was beim Sterben geschieht. Annäherung an letzte Wahrheiten unseres Lebens, Freiburg ⁵2014
Shriver, Lionel, Dieses Leben, das wir haben. Roman, München 2011
Sölle, Dorothee, Fliegen lernen. Gedichte, Berlin 1979
Sölle, Dorothee, Mystik des Todes, Freiburg ²2013
Virnsberg, Georg (Hg.), Vom Reichtum der deutschen Seele. Ein Hausbuch deutscher Lyrik, Leipzig 1928
Welte, Bernhard, Gesammelte Schriften III/1: Religionsphilosophie, Freiburg 2008
Wind, Renate, Grenzenlos glücklich – absolut furchtlos – immer in Schwierigkeiten – Dorothee Sölle, Gütersloh 2013
Zink, Jörg, Ufergedanken, Gütersloh ³2010
Zink, Jörg, Wie wir beten können, Stuttgart/Berlin 1970
Zink, Jörg, Was bleibt, stiften die Liebenden, Stuttgart ²1979

Homepages
http://www.kbwn.de/html/sterben_in_wurde.html
http://www.kbwn.de/html/sterben_in_wurde.html
http://www.hospiz-hamm.de
http://www.karmelitenkloster-stjoseph.de.2016
http://www.wegwort.de

Erwähnte CDs
Die kleinen Leute von Swabedoo. Vier zauberhafte Geschichten, erzählt von: Matthias Bullach, MATTABU-Production 2001
Apkalna, Iveta, L'Amour et la Mort, OehmsClassics 2012
Perahia, Murray, Bach Partitas 2, 3 & 4, Sony Classical 2009
Neues Bachisches Collegium Musicum u.a., Mit Bach die Stille finden, Freiburg 2010

Die Hospizbewegung

»Die moderne Hospizbewegung (*hospitium* = lat. Herberge) sieht sich in der Tradition derjenigen Herbergen, die ab dem Ende des 4. Jahrhunderts nach Christus entlang der Pilgerrouten in ganz Europa entstanden und die gleichermaßen gesunden und kranken Pilgern Gastfreundschaft boten. Erst im Laufe der Zeit hatten die Herbergen vorrangig die Pflege kranker Menschen zum Ziel. An diese ›Herbergen‹ knüpft die moderne Hospizbewegung symbolisch an, indem sie Orte schaffen will, an denen schwerstkranke und sterbende Menschen auf ihrem letzten Weg versorgt und begleitet werden, damit sie an ihrem Lebensende in Würde Abschied nehmen können.

In diesem Sinne gründete Dame Dr. Cicely Saunders 1967 das St. Christopher's Hospice in London. Von dort breitete sich die moderne Hospizbewegung in viele Länder innerhalb und außerhalb Europas aus. In den 80er Jahren wurden auch in Deutschland die ersten hospizlichen und palliativen Einrichtungen gegründet. Neben dem vielfachen Einsatz auch vieler Hauptamtlicher wurde die Hospizbewegung wesentlich von der Überzeugungskraft und dem Engagement zahlreicher Bürgerinnen und Bürger als eine Bürgerbewegung getragen. Motiviert war dieses Engagement von der von Tabuisierung gekennzeichneten, häufig unwürdigen Situation schwerstkranker und sterbender Menschen vor allem in Krankenhäusern, aber auch in anderen modernen Einrichtungen. Es fehlte – und fehlt auch heute noch – häufig eine angemessene Betreuung schwerstkranker Menschen, die den körperlichen, sozialen, psychischen und spirituellen Bedürfnissen am Lebensende umfassend Rechnung trägt und die Angehörigen und Nahestehenden einbezieht.«

(vgl. dhpv / Deutscher Hospiz- und PalliativVerband e. V. 18. 1. 16)

Zurzeit existieren nach Angaben des dhpv 214 stationäre Hospize für Erwachsene und 14 für Kinder, Jugendliche und junge Erwachsene. In den Erwachsenenhospizen werden jährlich ca. 30.000 Menschen versorgt, wobei jedes Hospiz im Durchschnitt über zehn Betten verfügt.

Übersichten über Palliativstationen, Palliativmediziner, stationäre und ambulante Hospize sowie Angebote für Erwachsene, Kinder und Jugendliche erhält man neben Hintergrundinformationen und gesetzlichen Grundlagen unter folgender Adresse:

Deutscher Hospiz- und PalliativVerband e. V.
Aachener Straße 5
10713 Berlin
Tel.: 030-82 00 75 80
http://www.dhpv.de/service_hospizadressen.html

Trauernden und Hinterbliebenen empfehle ich, bei Bedarf sich bei den ambulanten Hospizen im jeweiligen Lebensumfeld nach geeigneten Trauerbegleitern und Angeboten, wie Trauercafé, Trauerworkshops..., zu erkundigen (siehe: dhpv).

Ebenso kann man über die Wohlfahrtsverbände Angebote wie Trauerseminare finden. Bundesarbeitsgemeinschaft der freien Wohlfahrtsverbände:
http://www.bagfw.de/ueber-uns/mitgliedsverbaende

Verwiesen sei auch auf die Internetpräsenz des Bundesverbandes Trauerbegleitung e. V.:
http://bv-trauerbegleitung.de/

Schritte durch die Trauer

Angelika Daiker (Hg.)
Eines Tages ein Regenbogen
Ein Begleiter in Zeiten der Trauer

128 Seiten
Hardcover mit Leseband, 12 x 19 cm
ISBN 978-3-8436-0224-2

Der Tod eines nahen Menschen bringt alles ins Wanken. Der tiefe Schmerz scheint für immer zu sein, der Weg der Trauer endlos und ohne Hoffnung. In solchen Zeiten sind gute Begleiter wichtig.
Angelika Daiker hat für dieses Buch Texte und Gedichte ausgewählt, die die Kraft haben, Trauernde auf diesem Weg zu begleiten. Die Textauswahl beruht auf der Erfahrung, dass Trauern kein geradliniger Weg ist. Trauerzeiten kommen und gehen wie Ebbe und Flut, was die Ebbe nimmt, bringt die Flut wieder. Ein Lesebuch, das Mut macht, mit dem Verlust zu leben und ihn irgendwann in eine Quelle der Kraft zu verwandeln.

www.patmos.de

Selbstbestimmt das Alter gestalten

Josef Epp
Weichen stellen
Inspirationen für eine selbstbestimmte
dritte Lebenshälfte

176 Seiten
durchgehend vierfarbig
Hardcover mit Leseband, 13 x 21,3 cm
ISBN 978-3-8436-0819-0

Auch als eBook!

Unsere erfreulich hohe Lebenserwartung stellt auch vor neue Herausforderungen. Mehr denn je sind wir aufgefordert, uns verantwortlich mit dem eigenen Älterwerden auseinanderzusetzen. Dadurch gewinnen wir viele Möglichkeiten, frühzeitig Weichen zu stellen und Befürchtungen zu überwinden.

Dieses Buch ermutigt, wichtige Fragen des Alterns bewusst aufzugreifen und hilfreiche Schritte zu gehen. Und es will die Hoffnungsbotschaft verdeutlichen, dass der Lebensweg der Menschen auf Erfüllung ausgerichtet ist.

PATMOS
www.patmos.de